THE EASY

人生をイージーモードにする5つのステップ

MODE

自己肯定感を上げて強いメンタルをつくるトリセツ

はじめに：逆転人生をナビゲート

人生がゲームだとしたら、あなたはどのモードを選びますか？

↓・イージーモード
・ノーマルモード
・ハードモード

本書を手に取っていただき本当にありがとうございます。

あなたは「人生をやり直したいな」と思ったことはありませんか？

僕は何度も何度もリセットをしてやり直したいと、あの過去に戻りたいと考えてきました。

自分に自信がなく、人間関係も苦手。初めて会う人と話をすると指や唇が震えて、声が震えてしまう。超絶ネガティブ思考で感情も乏しい。知り合いからは「ロボット」とか「死神」と言われたこともあります。

環境としても波瀾万丈と言われるような育ち方をしてきました。

ハードモードとイージーモード

「ハードモード」「イージーモード」というのは元々ゲームの世界で使われていた言葉です。
ハードモードにすると強い敵が現れたり、得られるアイテムに制限があったりなど難易度が上がります。

一方、イージーモードは登場する敵があまり攻撃をしてこなかったり、コンティニューの回数が無制限だったり（何回もやり直せる）など、クリアの難易度が下がります。要するに簡単にゲームが進められるわけです。

ここから転じてネット上では「人生イージーモード」なんて言葉が使われることもあります。例えば容姿がいい、強い才能を持っている、育ちがいい、両親がお金持ちなど、他の人と比較したときに人生が苦労なく順風満帆な様を指す言葉ですね。

僕は設定をハードモードにして人生をスタートさせたのかもしれません。なかなか大変なことが降りかかってくる人生ではありましたが、今ではイージーモードに設定を切り替えることができたと思っています。

そんな変化した現在から、辛かった過去を振り返るとまるでジェットコースターのようで面白い人生だなと思えるようになりました。

もしあなたが現在、「人の目を気にしてしまう」「自分に自信がない」「自分は誰からも必要とされていない」「ネガティブ思考で自分を責めてしまう」「人に振り回される」などの悩みがあったとしても大丈夫です。

それは変えていくことができる『心の扱い方』だからです。

本書では「自分の心のトリセツ（取扱説明書）」として、特に自己肯定感を上げるということをベースに話を進めていきます。

イージーモードになるための5ステップ

人生をイージーモードにしていくために、本書では5つの心の取り扱い方としてステップでご紹介していきます。

まず第1章では僕のハードモードだった人生が好転したターニングポイントについて。「こんな悲惨な状況からだって変われるんだ」と勇気を感じていただきたいと思い、過去を赤裸々にお話しします。

第2章ではステップ0としてネガティブな感情のトリセツについてお話しします。すぐに使えてとても効果のあるスキルなので、まず先にご紹介させていただいています。

第3章がステップ1、自己肯定感の話に入っていきます。本書はテクニック的に使えるものも数多くご紹介しますが、全体を通して考え方が根底から変わっていくことも狙っています。読み進めている内に心が晴れてきて楽になる。そんな想いでお届けしていきます。

第4章はステップ2、エフィカシーという考え方についてです。自己肯定感と合わせて理解することで自分の人生をより軽やかに、そして堂々とした自信を手に入れていくものへと変化させていけるでしょう。

第5章はステップ3、マインドという概念について。マインドが変わると大袈裟ではなく人生がとても早いスピードで変わり始めます。そのインパクトの大きさをあなたにも体感していただきたいと思っています。

第6章はステップ4、価値観について話をしていきます。自分の価値観を深く知ることは自己肯定感を上げることにも繋がり、価値観を見直していくことは人生のステージを変えることに繋がります。人間関係も圧倒的に改善する考え方になります。

第7章はステップ5、セルフイメージという言葉から自分をアップデートする考え方を解説します。催眠の原理を活用した効果の高い方法などもご紹介します。

自然体で生きられる世の中へ

僕は過去の経験から不自然な心を培ってしまい、その結果とても苦しいと感じる人生を送っていました。

そこから心の勉強をしたことで「こんなに楽に生きられる世界があるんだ！」と知りました。

窮屈に生きていたところから、のびのびと生きられるようになり、自然体で生きられるようになりました。このビフォーアフターを考えると本当に感動するほどのギャップがあります。

この考え方、心の扱い方を多くの人に広めたい、そう思って僕はコーチングを提供したり、コーチングスキルを身につけるスクールを運営するビジネスを始めました。

自分でビジネスを始めたのが２０１０年。心の勉強を始めたところから数えると15年以上になりますが、今まで学んできたこと、わかってきたことなど全力でお届けしていきます。

過去の僕が劇的に変化したように、本書との出会いが人生を楽に生きられるようになるターニングポイントとなることを願っています。

２０２３年2月

原子　やすふみ

人生をイージーモードにする5つのステップ
〜自己肯定感を上げて強いメンタルをつくるトリセツ　目次

第2章：ステップ0／心のモヤモヤがスッキリ晴れる

第3章：ステップ1／根拠のない自信をつくり出す方法

第4章：ステップ2／エフィカシーをあっという間に高める！

第5章：ステップ3／マインドが現実化する

第6章：ステップ4／価値観の徹底理解

第7章：ステップ5／理想未来を引き寄せるセルフイメージを！

第1章：人生が好転したターニングポイント

カルト村での生活

小学校からハードモード

人は誰しも大なり小なり苦労やツライ経験があるものです。僕はそのツライほうが顕著に出てくる人生でした。

8歳の頃、両親の意向で全寮制のスパルタスクールに入ることになり、そこでは世話係と呼ばれる大人からの体罰や監禁などが日常的に行われていました。それ以外にも農作業や酪農などの仕事を強制される厳しい毎日。

体罰というのもゲンコツや平手打ちとかそんな生やさしいものではありません。10段くらいある階段から蹴飛ばされて転げ落ちたり、髪の毛を掴んで引っ張り回されて鼻血が出るまで、アザが身体中にできるまで殴られたり。監禁は暗い部屋に1週間くらい閉じ込められることもありました。

絶望しかない毎日

朝起きてから仕事をさせられ、学校が終わってから仕事をして、夜は勉強やミーティングのような時間があり、娯楽と呼べるようなものはあまりない。

テレビも漫画もお菓子もダメ。放課後に学校の友達と遊ぶこともダメ（部活もダメでした）。もちろんお小遣いなんてありません。

楽しいことがなく「いつまでこの生活が続くのか？」と絶望しかありませんでした。

その団体は教祖がいるわけではなく、厳密に言うと宗教ではないのですが、思想は偏っていて、知っている人からは「カルト村」と表現されるほどの独特な世界観。

本来は幸せを目指す団体ではあるのですが、理念と運営はまた別の話。特に教育の部分に関しては今振り返ってもおかしなことになっていたと思います。

ネガティブな思い込みの塊をつくり上げた

僕は体罰が怖くて、いつもビクビク大人たちの目を気にするようになりました。そして絶望しかなかった日々は僕を極度のネガティブ思考に育て上げました。

両親は良かれと思ってその施設に僕を入れたのですが、当時の僕は捨てられたかのように受け取ったのでしょう。その他、様々な経験が絡み合ってたくさんの思い込みがつくられていきました。

「人は怖い」「人から嫌われてはいけない」「生きていても何もいいことなんてない」「自分には価値がない。自分はダメだ、無力だ」など、本気でそう信じ込んでいたのです。

自己防衛の手段なのでしょうか。僕の心はどんどん感度が鈍くなっていきました。心の感度を鈍らせると徐々に苦しいという感情は少なくなったものの、真綿で首を絞められるような息苦しさだけがずっと続くような感覚で日々過ごしていたのを覚えています。

環境が変わっても心が変わらないと幸せは得られない

脱走を決意！

僕が入っていた施設では、中学校までは義務教育なので一般の学校に通うことができますが、高校には行くことができませんでした。

その代わりに高校の部というものが存在し、そこでは朝から晩まで農作業などをやらされ、休みはほぼなし（年間休日4日くらい）。

それだけは絶対に嫌だと、中学3年になった当時の僕はその施設から脱走することを決意。

施設内で使われていた鍵のかかっていない自転車を大人の目を盗んで林の中に隠しておき、夜中の2時に見回りを警戒しながら抜け出したのです。

バレてしまうと見せしめ的に大勢の前で殴る蹴るの拷問が待っています。田舎にあった施設なので抜け出すまでに一面畑がある道を通らなくてはならず、遠くからでも目立ちます。途中、向こうから車がやってきたときにはいち早く畑の中に自転車ごと飛び込み、腹ばいになって隠れてやり過ごすなど、もう必死です。

心臓が飛び出そうなほどのドキドキを感じながらもなんとかミッションクリア。無事脱走に成功することができました。

一般社会へ

その後は警察に保護されたり、親のいない方が入る養護施設にお世話になったりとひと騒動ありましたが、カルト村の施設からは離れることができて、環境としては本当に自由になりました。

養護施設では学校から帰ってきた子供たちが「友達の家に遊びに行ってくる！」という言葉を残して出かけていくのが本当に新鮮だったのを覚えています。

親権の関係などもあり、その養護施設からは高校に通うということはできず、僕は紹介されて中卒という最終学歴で蕎麦屋さんに就職することになります。

楽な生活を手に入れたものの…

働き始めた蕎麦屋では、拘束時間は13時間だけど休憩が３時間あり、週１日の休みでしたが仕事は余裕だと感じていました。カルト村では休みの日という概念すらなかったので。

働いた分だけお金がもらえる。休みの日はどこに行ってもいい。「なんて解放されているんだ！」と最初は思いましたが、それは長くは続きませんでした。

環境的には自由度が上がったけれど、精神的には不自由だったからです。

人の目を気にして、ネガティブに物事を考え、自分を徹底的に否定する。

感情に蓋をしているような状態も変わらなかったので、今思うとモノクロのような世界で生きていたように思います。

お金で幸せは買えるのか？

降りかかる災難

18歳になって社会にも慣れてきたあるときのことです。僕が助手席に乗っていた車が中央分離帯に接触して横転。その衝撃によって僕は両足首を粉砕骨折するという大怪我を負いました。

医者からは「両足ともに骨が壊死する可能性は50％ずつです」と告げられ、車椅子生活を覚悟しましたが、なんとか手術は無事成功。

しかし正座とつま先立ちは一生できないという診断結果になりました。この診断結果により、搭乗者保険からなんと３３００万円ものお金が降りることとなったのです！（しかも、この数年後に神の手と呼ばれる整体師と出会い、正座もつま先立ちもできるようになりました）

お金も時間も幸せにはしてくれなかった

大金を手にした20歳。対人関係が苦手だった当時の僕は、リハビリと称して引きこもり生活をすることを選択します。

お金も時間もゆとりある状況を手に入れることができたのです。

しかし…全く幸せではありませんでした。

14時頃に目が覚めて、ゲームをしては夜になると1人で酒を飲む。朝方になるまでインターネットとゲームで時間を潰すという毎日。

孤独で生きがいがなければ、お金と時間があっても幸せでないどころか、「自分は不幸だ」とすら感じてしまっていたのです。

狂った金銭感覚から極貧生活へ

その後の僕は現実逃避をするかのように酒を飲む量が増えていきます。そしてお酒を飲んで酔っていると人に対する恐怖心も薄らぎ、それなりに人と話せることもわかりました。

そして毎日のように20時くらいから飲みに行き、お店を2軒3軒とはしごして朝の6時くらいまでベロベロになるまで飲み歩いていました。

そんな生活のせいで３０００万円もあったお金は5年にして消えていきました。

悲惨なのは狂ってしまった金銭感覚です。もうお金がないという状況なのに生活レベルを下げることができない。買い物に行くと値札も見ずに買ってしまうし、飲みに行っても周りの人によく思われたいがために奢ってしまう。

そして貯金は一気に底をつき、毎日冷凍うどんを食べるような極貧生活へと突入。宝くじに当たった人の7割が破産するというのはわかる気がします。

自分が変わらないまま、外側の力で何かを手に入れても逆に不幸になることを学びました。

ハードモードからのターニングポイント

まだまだ続くハードモード

流石にこのままではいけないと思った当時の僕は、何か世の中のためになることをしようと考えていたところ、ちょうど応募のあったのが選挙期間中のアルバイトでした。

ビラ配りから選挙事務所の来客対応など朝から深夜まで頑張りましたが、応援していた候補者は惜しくも落選。意気消沈していたところに警察がやってきます。

訳もわからないまま署まで連れていかれ、事情聴取を受けているとどうやら僕の受け取ったお金の流れが悪いとのことでした。

候補者を応援していたある方が僕に選挙を手伝うアルバイト料を支払った。それが現金買収に当たるのだと。

買収というからには票の獲得に繋がらないと意味がありません。買収された僕が票の取りまとめをしたのだと難癖をつけられます。

「あの…、僕はほとんど人脈なんてありませんけど」

「この候補者に清き1票を、と駅前でビラを配っていただろう。票を入れてもらうようお願いしているじゃないか」

現金を受け取って票を入れるように促したのだから現金買収だというロジックだそうです。そして納得がいかないままに公職選挙法違反で逮捕。手錠をかけられて連行されるところをテレビにて実名報道。留置場で３週間以上お世話になった後に実刑判決（罰金刑）となったのです。

たった1つのきっかけから変わる

お金も人脈も実績も経験も学歴もない。そんな僕は代わりに前科を手に入れてしまいました。

そして自己肯定感が低く、ネガティブ思考で感情も乏しい。対人関係も苦手。

その当時はとにかく心に蓋をしていたのでキツイ・苦しいという感覚は強くは感じていなかったのですが、その分楽しみや喜びも感じない冷たい機械のように生きていました。

泣きっ面に蜂とはよく言ったもので、その後は詐欺に巻き込まれて借金まで背負うことになってみたり、結婚をしてみても浮気をされて離婚したりなどなど。

「なぜ僕の人生にはこんなに大変なことが降りかかってくるんだろう？」

このいつも自分に投げかけていた問いが、１冊の本との出会いをもたらしてくれたのかもしれません。そしてその出会いから人生が激変していきます。

どんなに悲惨なように思える状況、環境だったとしても1つのきっかけにより大きく変化していくことはできる。そのことを僕は身を持って知ることができました。

もしかしたらそれをこうして伝えるために様々なことが起きてくれていたのかもしれません。

心は精巧なプログラムだった

空（くう）との出会い

たまたま本屋で見かけたのが仏教の中にある空（くう）という考え方が書かれている本でした。空については、頭ではなんとなくは理解できるけど腑に落とすのが難しい概念。

でもとても大切なことが書かれているのは直感的に感じていました（空については第3章でわかりやすくお伝えしていきます）。

何回も読むことで、どんどんと心が軽くなっていく体感があり、当時はそれを不思議に思っていましたが、今振り返ると思い込みが薄れていったのだと思います。

特に「自分は無力だ」「自分には価値がない」「自分はダメだ」などの自分を下げる思い込みが薄れたことにともなって、極度のネガティブ思考も薄れていき、楽に考えられるようになったのです。

NLPとの出会い

「心が変わるとこんなに楽に生きられるんだ」と知り、心の探求に興味を持ち始めた僕が次に出会ったのが実践心理学と呼ばれるNLPというものでした（本書でもNLPの考え方をふんだんに取り入れています）。

ニューロ・リングスティック・プログラミングの頭文字を取ってＮＬＰ。神経と言語の仕組みによって考えたり感じたり、選択したり行動したりしている。

これをわかりやすく学ぶことができるのがＮＬＰです。

心はとても入り組んでいて複雑です。しかし、このＮＬＰを通して学んだことは「心は仕組みによって動いている」ということでした。

心が変われば人生が変わる

ＮＬＰの学びを皮切りに僕はカウンセリングやコーチングのスキルを学んだり、トラウマを外す方法や催眠の技法を身につけたりと、心の仕組み探究にどんどん没頭していきました。

学ぶほどに自分がみるみる変わっていくのがわかります。

それまでは初対面で話をすると指や唇が震えていたのがパッタリとなくなったり、交通事故の影響で車に乗るとドキドキして眩暈がしていたＰＴＳＤのような症状も完全に解決したり、インパクトの強い変化が起きることが本当に興味深い。

その他にも考え方も価値観もガラッと変わり、視野が広くなって前向きになりました。人とのコミュニケーションも圧倒的に楽になりました。自信もつき、行動力も上がり、他人に振り回されなくなっていく。「心が変わることでこんなにも人生が変わるんだ！」ということをたくさん体験することができたのです。

ハードモードからイージーモードへ！

ジェットコースターのような人生も楽しい

心が変わったことで、物事の捉え方も変わりました。それまでは過去を恨み、環境や周りのせいにして、自分をも責めていました。そして「僕の人生はハードモードだ」と捉えていました。

しかし心の探求をしていく中で、過去は過去にあった出来事であり、いいも悪いもない。今ある環境も周りも自己責任。自己責任と言っても自分が悪いなんてことは一切ない。ただそこに事実としてあるだけ（この捉え方については第3章で詳しく解説します）。

こう捉えられるようになったとき「一見、波乱万丈に思えることが起きてきた人生だけど苦しいと思うかどうかは自分次第だな」と思えるようになりました。

今ではジェットコースターみたいな人生で楽しかったとすら思えます。つまり人生がハードモードだったのではなく、「自分がハードモードと捉えていただけ」だったのです。

今を肯定できるかが鍵

もしあのときあの事件が起きていなかったらと考えたこともありますが、その事件によって気づいたことや学んだこと、変化や成長があって今があります。

つまりあの事件がなかったら、幸せで充実している今もなかったということ。そう考えると、過去の悲惨だと思っていたことに感謝の気持ちすら湧いてきます。

今を肯定することができると、過去を肯定することもできます。そして未来をも肯定的に希望を感じられるようになっていくのです。

こんなにイージーな現実を手に入れられた

すべてを肯定できるようになると、捉え方が変わるだけではなく、実際の現実にも影響していきます。まるで運命が書き変わり、好転し始めたかのようです。

今ではカウンセラー・コーチとして起業して10年以上。素敵なお客さんとだけ、ゆったりお仕事をさせていただいています。

30代の半ば頃には1日に4時間程度働いて、週に3日ほどお休みをしても一般に部長と呼ばれる方くらいの収入はいただくことができるようになっていました。

今はもう少し精力的に活動をしていますが、好きなことを仕事にして、８ＬＤＫの家に住み、ダイビングやキャンプ、ゴルフ、山登りをしたり、旅行に行く際も1週間ほどビジネスの仲間達と出かけたりと、引きこもり時代から考えたらだいぶアクティブになり、とても充実しています。

これらの充実感を手に入れることができたのは才能や能力ではなく、心を変えたこと。本書ではその心の変え方のトリセツとして細かく様々な角度から、実体験を元にお伝えしていきます。

自然体で生きられる世の中へ！

不自然↓自然へ

イージーモードな人生になった後、振り返ってよく思うことは「以前は不自然だった」ということ。そして「自然体で生きられるようになった」ということです。

以前は孤独で引きこもって、人の目を極度に怖がり、自分を出すことができない。できない自分を責めて、いつもドンヨリした気分で毎日過ごしていました。

これは自然な状態とは言えないと思いませんか？

自己肯定感が上がり、心が変わったことで、僕はすべてが逆に変わっていきました。

多くの人と関わらせていただき、人の目を気にせず好きに生きて、こうして本書で書いているように自分を開示することに何の抵抗もない。できなかったことがあったとしても、やったことを認めて次に活かすだけ。いつもノンビリとした気分で心地よく過ごせるようになりました。

環境も行動も、考え方も感情も。本当に楽で幸せを感じられるようになったのです。

ありがたいことに僕の周りには、ちょっと変わっていても、ちょっと失敗しても受け入れてくれる方達がたくさんいます。そうすると「もっと自分を出していいんだ。自然体でいいんだ！」と思えます。この楽で心地よい世界観をぜひ多くの方に共有していきたいと思っています。

自然と笑顔が溢れる、そんな世の中にしていきたい

僕は自然体で生きられる世の中にしたいと心から思っています。

自然体とは自分らしい状態。そして、自然体で生きられる世の中というのは自分だけでなく、周りにいる人たちも自分らしく輝き、調和している状態です。

そんな自然体で生きられる世の中になっていくためには、心の教育を広めていくことが不可欠だと思っています。

心の仕組みを多くの人に知ってほしいという思いで、本書では「フラットであること」を1つの裏テーマとして書いてみました。

いい・悪いと決めつけたり、正しい・間違いとジャッジしたり、「〜〜するべき」といった枠にはめて考えたり…。これらは人がつくった概念です。つまり人工的なものであり、そういった概念が強ければ強いほど自然とはかけ離れていくと僕は考えているからです。

フラットな心になり、自然体で生きていく人が増えていった世の中を想像してみてください。

自分を偽るのではなく、相手を否定するのでもない。

お互いに認め合い、高め合い、応援し合うのが当たり前にできている関係。

それぞれが自分にしかない価値を社会に提供し、循環している社会。

愛と感謝が自然に生まれ、充実感が溢れている環境。

そんな中で生きられたらもっと心地よく人生を過ごせそうじゃないですか？

こんな状態からだって変われる

可能性を感じてほしい

第1章は僕のハードモード時代ということで少し重たい話になりましたが、それはこんな状況や環境からでも変われるのだと知っていただきたいと思ったからです。

そしてぜひ少しでも勇気や希望を感じていただけたなら嬉しいです。

お金も人脈も実績も経験も学歴もなかった。自己肯定感が低く、ネガティブ思考で対人関係も苦手。そんなメンタルからでも変われるのです！

もしかしたらあなたも今はまだハードモードな人生と感じているかもしれません。でもイージーモードな人生を手に入れることはできるのだとぜひ可能性を感じていただきたいと思います。

まずは本書があなた自身の心をより軽やかに、より自然に、より現実が上手くいくよう変化する手助けになれれば嬉しいです。

そして何か感じていただくものがあれば、ぜひあなたのお知り合いの方にも本書を、もしくは本書でお伝えしている考え方だけでもおすすめしていただけたら幸いです。

それでは次の章から具体的に心をどう捉えてどう変えていくのかという内容へと入っていきます。1つずつぜひ試したり、考えたりしながら読み進めていただけたら幸いです。

第2章：ステップ0／心のモヤモヤがスッキリ晴れる

ネガティブは悪いものではない⁉

自分のためを思っている

あなたはネガティブな感情というと、どんな印象を持っているでしょうか？

モヤモヤ、イライラ、不安になったり、落ち込んだり、など。

気持ちよいものではないですよね。

そしてそんなネガティブな感情は多くの場合は嫌われ、避けたいものと捉えられています。

しかし、実はそんなネガティブな感情も必要があって生まれています。基本的には自分のためを思って生まれている感情なのです。

例えば、ダイエットのために甘いものを食べるのを止めようと考えたとします。

いつもあった夕食後の甘いものを食べる時間がなくなり、「食べたいのに食べられない」とだんだんイライラしてしまいます。

その原因を見ていくと、今までは甘いものを食べることでストレスを発散していたことがわかりました。

「甘いものを食べる→ストレス発散」

このような構図で成立していた心の仕組みが

「甘いものを食べられない→ストレスが溜まる」

このように変わったわけです。

ストレスを溜めることは体にとってよくないことなので、「甘いものを止めるとストレス発散ができなくなっちゃうよ！」とイライラすることで心が教えてくれていたのです。

自分の感情の否定は自分の否定

イライラだけではありません。心の反応にはすべて意図があります。モヤモヤしている気持ちは、自分の心が何か主張したいことがあってそれを教えてくれているのかもしれません。

不安な気持ちは「このままで大丈夫？」と気にかけてくれているのかもしれませんね。

落ち込む気持ちは「もう失敗しないように気をつけよう」としてくれていたりします。

このように自分のためを思って反応してくれている気持ちに気づくことは自己肯定感を上げるためにもとても大切なことになります。

ネガティブな感情を生み出しているのも自分の一部であり、その感情を否定するということは自分を否定することに繋がってしまうからですね。

そこでこの第2章では、まずステップ０としてネガティブな感情の取り扱い方についてお話ししていきます。自分の中にある様々な気持ちと１つに調和することで自己肯定感を上げる、その具体的なやり方をお伝えします。

心は仕組み。無意識に動いている

潜在意識の圧倒的な情報量

心は様々な働きをしています。

例えば出かけるときの動作を考えたとして、玄関にて「しゃがむ」「靴を履く」「立ち上がる」「歩く」「扉を開ける」「鍵をかける」など、たった数秒の中にもたくさんの動きをしています。

これらの動きについて「よし今からしゃがむぞ。靴は右足から履こう」と普段は意識されていないと思います。

本書を執筆している現時点で1歳半になる娘がいるのですが、靴を自分で履くことはできません。しゃがんだり立ったり歩いたりは数ヶ月前にできるようになりましたが、あっという間に上達していくのを目の当たりにしています。

そんな娘を見ると、大人になった自分は本当にたくさんのことを無意識の内に行っているのだと改めて実感します。

この無意識のうちに動くための膨大なプログラムがあり、その情報が格納されているのが「潜在意識」と本書では表現していきます。

それに対して頭で意識できることは「顕在意識」と言います。

「今からしゃがむぞ」と考えて動いたとしたらこれは顕在意識で考えたことになります。しかし、しゃがむという動作を１つとっても膝を前に出しながらお尻を下げて、でも後ろにひっくり返らないよう全体でバランスを取り…と、さらに細かく見ていくと、改めてとてつもない量のことを無意識でやっていることがわかります。

潜在意識のほうが、顕在意識よりも圧倒的な情報量を処理しているのです。

心はプログラム化された仕組み

「心とは何か」というのは、使われ方がとても広く、作用も複雑に入り組んでいるため定義をするのは難しいものです。

１つ言えることとしては、潜在意識が心に多くの影響を与えています。そしてその潜在意識は仕組みとして動いています。

後の章で取り扱いますが、マインドを元に考えることをしていたり、価値観を元に何かを選択していたりする。しかもそれらは無意識的に、でも再現的に同じことを繰り返します。

本書では取り扱いませんが、習慣というものも仕組みと言えます。習慣とは無意識に同じことを繰り返すことと定義をつけるならば、一般的には習慣とは言えないようなレベル、例えば靴を履くときにいつも右足から履くというようなことすらも無意識的に同じ動きをしています。

考えることも感じることも行動することも。心はプログラムとして作動しているのです。

自己否定癖は何をやってもハードモード

心は会社のようなもの

心は会社に例えるとわかりやすいと思っています。会社は様々な部署があり、様々なことを行っています。そして同じ会社内でも、いざこざや意見の対立は起きています。

これは心も同じで、潜在意識の中で「こうしよう」「いやそれはしないほうがいい」「そうは言っても…」「もうウルサイ！」みたいに様々な声が飛び交い、心に反応が現れます。

どれか1つの意見だけが本当の自分で、それ以外は自分ではないかというとそんなことありません。すべて自分が言っている言葉なのです。

つまり、すべては自分の一部であり、その一部を否定するのは自分を否定しているということ。

自己肯定感を高めるためにも、まずはそれぞれ（自分の一部）の意見をしっかりと認めていく。そして調和を取っていくことが大切になります。

全体のためを思っているのに否定されたら？

会社内で、様々な部署が様々な意見を言い合っている場面をイメージしてみてください。それらの部署はそれぞれが会社のためを思って発言をしています。

「会社のためにもっとこうしたらいいんじゃないか」「いや、会社のことを考えたらこのほうがいいだろう」と意見が対立しています。

このときに社長が現れて、どちらか一方の意見だけ味方して、もう一方の意見は聞こうとすらせずにただ頭ごなしに否定をしたらどうでしょうか？

会社のためを考えていたのに一方的に否定されたら嫌な気分になりますよね。

拗ねたりするかもしれません。足を引っ張ってやろうと捻くれてしまうかもしれません。

心も同じです。心の中にある一意見も自分のためを思って色々な声を挙げてくれている。つまり自分のためを思って意見を出していたのにも関わらず全否定されたとしたらどうでしょうか？

自己否定はいい結果を生み出してはくれない

自己肯定感が低かった以前の僕は、自分のことを責めたり否定したりしていました。

何かちょっとしたミスをしただけなのに「自分はダメなやつだ」と延々と責めたり、他の人と比較しては「自分は何もできない」と否定したり。でも責めても否定しても解決はしません。

会社でも、部署が何かを失敗したときに、その部署を延々と責めても会社はよくなりませんよね。他と比較して能力が低い部署があったとして、そこを否定したところで業績は伸びません。

心も同じく、自分の中にある一部分、一意見を責めても否定してもよくなることはありません。

それどころか自己否定癖があることで、人生自体がハードモードになってしまうのです。

ネガティブとのコミュニケーションその(1)

ネガティブにも目的がある

自分の心の中には様々な反応があります。それらの反応を生み出す仕事をしているのが部署。そして自分全体が会社として捉えてみてください。それぞれの部署は、自分のことを思って働いています。それぞれの部署には意図があり、目的があってなんらかの反応をつくり出しています。

胸の辺りがモヤモヤするのであれば、胸の辺りに存在するある部署がモヤモヤという感情（反応）をつくり出す仕事をしているのです。そしてそのモヤモヤには意図・目的があるのです。

この目的を知ることは自分を知ることに繋がり、自分と仲良くなることに繋がります。

まずは感謝から

自分の心の中にある意見とコミュニケーションを取るためには、まずは部位を確定していきます。

例えばモヤモヤという感情を生み出している部署は体のどの辺りにいるでしょうか？

これは正確でなくても構いません。「なんとなくこの辺り」という直感で大丈夫です。

体のどこかにいるその感情の場所を特定したら、次に感謝をしていきましょう。

モヤモヤするという感情は気持ちのいいものではありません。だから頭ごなしに否定したくなる

〔図表１　様々な部分が集まって「自分」〕

様々な部分が集まって「自分」
体を通して潜在意識にアクセスし
それぞれの「部分」に目的を訪ねていく
私のために何をしようと
モヤモヤしてくれているの？
モヤモヤ

かもしれません。でも何度も言うようにモヤモヤは自分のためを思って生じてくれている感情です。

「私のためにモヤモヤしてくれてありがとう」

まずはこの感謝をすることから自分との調和は始まります。

目的を訪ねてみよう

次に、モヤモヤが存在している場所にもう１人の自分がいると想像して目的を聞いてみます。

「私のために何をしようとしてくれているの？」または「私に何を教えようとしてくれているの？」と尋ねてみてください。頭で考えるというよりは、その部位から答えが返ってくるのを待つようにしてみてください。

イメージがパッと出てくることもありますし、キーワードが思い浮かぶこともあります。何かしらの返事が返ってきたら改めてお礼を伝えていきましょう。

ネガティブとのコミュニケーションその⑵

自分に寄り添うということ

ここから過去の僕の事例を元に進めていきます。

僕はモヤモヤ感が胸の辺りに感じていたので、そこに目的を尋ねて待ってみました。すると「(当時付き合っていた彼女に)1週間前に言われた一言が引っかかっている」と答えが返ってきました。そしたらそのモヤモヤに感謝し、寄り添い、コミュニケーションを取っていきます。

「具体的に何が嫌だったのかな?」「どうしたいと思っている?」

質問をして待っていたら、当時ビジネスが上手くいかず、なかなか稼げなかった僕に「頑張っていると感じられない」と言われた場面がフッと湧き上がってきました。

「パワハラ気味な店長がいるアルバイト先で精神的にも肉体的にも疲れて帰ってきているのに、仕方ないじゃないか」僕のモヤモヤの目的は、疲れていることをわかってほしかったようです。

このときに意見が対立する部署からも声が出てきました。「いやでも…」という違和感のような反応です。そしたら同じように、そこにも「何をしようとしてくれているのかな?」と尋ねていきます。すると「実際にもう少し営業活動とかできることはあるよね」と意見が出てきました。

ここにも寄り添って訪ねていくと「もっと頑張りたい」という目的もありました。

つまりその当時の彼女から言われたことはごもっともだとは思いつつも、疲れていることもわかってほしいという気持ちの葛藤からモヤモヤするという反応になっていたのです。

手順のまとめ

さて、まだ続きますが一旦ここまでの手順を整理しておきましょう。

まずはネガティブな反応（感情、感覚）を生じさせている体の部分を直感でいいので特定します。

そしてその部分に対して感謝の気持ちを心から伝えてみてください。

次に目的を聞いていきます。「私のために何をしようとしてくれているの？　私のために何を教えようとしてくれているの？」と尋ねたら答えが返ってくるのを待ちます。

その答えが返ってきたら、より奥にある答え（目的）を引き出すために寄り添って質問し、会話をしていきましょう。

そしてその会話をしているときに出てくる他の反応があるかもしれません。その部分に対しても同じように感謝をして目的を聞いていきます。

このように、自分の心の中にあるそれぞれの反応に対して、目的を聞いていきます。

たったこれだけの作業でも、原因不明だった長年の体の痛みが解消したという話はたくさんあります。痛みを通して自分に何か伝えたいことがあった。そこに耳を傾けたことで痛みを生じさせる意味はなくなったので痛みが治まるという原理があると僕は考えています。

アイデアは潜在意識に考えてもらおう

頭だけで考えない

ネガティブな反応（感情）の奥には自分のためを思っている目的が必ずあります。しかしそれが自分全体にとっていい結果となるかはわかりません。

過去の僕の例では、モヤモヤしたのは疲れていることをわかってほしいという気持ちと、実際に頑張りきれていない葛藤でしたが、そのままモヤモヤし続けていてはストレスになってしまいます。

そこで次にやりたいのがアイデアを出すという作業です。自分にとってより効果的で、よりクリエイティブな解決策を見つけていきたいわけですね。

このときに頭（顕在意識）だけで考えようとすると、どうしてもネガティブな意見のほうを遠ざけたり否定したりしてしまいがちです。

そこでやりたいのが、アイデアも体を通して潜在意識に考えてもらうという方法です。

アイデアの部署に丸投げしてみよう

あなたの中でいつもアイデアを閃いてくれたり、アイデアをキャッチしてくれたりする場所が体にあるとしたら、どこにあるでしょうか？

その場所も直感でいいので特定してみましょう。アイデアを考えてくれる部署ですね。アイデアを考えてくれるその場所に対して「それぞれの目的を大切にした解決策を考えてください」と丸投げして考えてもらうようお願いしていきます。

僕の事例では「彼女に疲れて大変なことをわかってほしい」と「実際もうちょっと頑張りたい」というそれぞれの目的がありました。この解決を頭だけで考えていたら「言われたことは小さなことだし忘れよう」と考えていたかもしれません。しかし気になっているからこそモヤモヤしているわけで、ここを無視すると燻って大きなストレスの火種となり、いつか爆発しかねません。

そこで僕は、アイデアは眉間のところで考えてくれていると思い、眉間に考えてもらいました。出てきた答えが「バイトで疲れてしまう日もある。でも休みの日もダラダラしていたから、疲れていない日はもっと頑張ろうと思う」そう彼女に伝えようという考えでした。

するとお腹の辺りに重たい抵抗する感覚が出てきました。そこに目的を尋ねると「休みの日も疲れているけど、本当にやるの？」という言葉が返ってきます。そしたらまたアイデアの部署に、「こんな反対意見が出たけどどうしましょう？」と丸投げします。

次に出てきたのが「彼女に疲れているからと伝えてマッサージしてもらったら？」という意外なアイデアでした。

これが思ったよりも効果的で、実際に少しマッサージをしてもらうと「頑張らないとな！」という、ちょうどいいプレッシャーによって頑張れるという流れをつくることができたのです。

すんなり変化できた事例

それを手放して大丈夫？

もう1つ、Ｆさんの事例をご紹介します。Ｆさんは食後に甘いものを食べてしまっては自分を責めるということを繰り返していました。頑張って食べるのを止めるとイライラしてしまい、そのイライラしてしまうのも嫌で自分を責めてしまう。そんな状況のときに相談に来ていただきました。

まずは甘いものを食べたいと思う体の部分を特定すると「なんとなく後頭部から甘いもの食べたいって言っている気がする」とのこと。その後頭部に対して感謝の気持ちを伝えてもらい、「私のために何をしようとしてくれているの？」と尋ねていただきます。

そこで返ってきた答えが「ストレス発散」でした。つまりＦさんの後頭部は甘いものを食べることでストレスを発散しようと働いてくれていたわけです。

自分のためにストレスを発散しようとイライラしてくれていたと考えるとやはり感謝ですよね。改めて感謝の気持ちを伝えていただきました。

2つの目的で葛藤していた

一方では甘いものを止めたいという意見もあります。それは体のどこにあるか聞くと「頭のてっぺんから止めたほうがいいと言っている」とのこと。頭のてっぺんに対して同じように感謝をして目的を聞くと「甘いものを食べ過ぎると太る」という理由でした。

つまり、Ｆさんの潜在意識には「ストレス発散をしたい」という目的と、「痩せていたい」という目的があり、それがぶつかることで葛藤していたということになります。

身体にダイレクトに好影響が出た！

続いてアイデアを出してくれる場所を特定。額の奥の方にアイデアを出してくれる場所がありそうとのことだったので、そこに「それぞれの目的を大切にした上でよい解決策はありますか？」と尋ねてみました。

しばらく待っていると「今さつまいもが出てきました！」とのこと。脳裏に突然パッとイメージが浮かんだそうです。さつまいもを食べるという解決策はどうかと聞くと「甘いものではあるけど食物繊維が豊富だし、むしろ食べたほうがいいかもしれない。そしてさつまいもは好きだから苦もなく続けられそう」とのことでした。

ここまで話をした途端に、何年も前から後頭部に感じていたコリのようなものが突如取れたそうです。頭が軽くなったと大喜びしていただけました。

このように、体を通して潜在意識にアクセスし、心の声を聞きながらアイデアを出すことで心と体、感情（反応）の調和をしていくことができるのです。

調和された自分こそ自然体

自分をベストにするための会議

会社の中で、それぞれの部署が会社のためを思って様々な意見を言っているとします。この好き勝手言っている状態を放置していると、ずっとまとまることはできずに会社としてどんどんエネルギーが下がってしまいます。

どんな目的意識でどうしたらいいのか？　それぞれの部署が連携を取って、お互いの意見に耳を傾けて一致団結していけるとしたらどうでしょうか。

もちろん意見の相違が出ることもあるかもしれません。そのときも話し合いをして、一番全体的にベストで、より会社のためになるアイデアを採用していく。

このような流れをぜひあなた自身の体を通してもやってみていただきたいのです。

それぞれの部位が調和されている状態

ネガティブな感情が出てきたとき、何か思わしくない心地よくない感覚が出てきたときに、ここでお伝えしたやり方を、ぜひ思い出してみてください。

それぞれの反応をしている目的について、体を通して潜在意識に聞いていく。

そして自分にとってよりよいアイデアも潜在意識に考えてもらうのです。

自分の中にある様々な意見にしっかりと耳を傾けてあげることで、すべての体の部分たちが納得がいっている状態になると、自分の中に調和が取れている感覚を感じることができるはずです。

対立もしていない、無視もしていない状態。これは自分を否定していない状態とも言えます。

この調和が取れている感覚はとても心地良く、僕は自然体な状態だと思っています。

自分とのコミュニケーションに慣れよう

会社でも部署の人たちが「何を言ってもこの会社は変わらないからもういいや」と諦めたとしたら意見も出てこなくなってしまいますよね。

それと同じく、自分の心の中に出てきた反応も無視をしていると、だんだんと鈍くなっていってしまいます。自分が何を感じているのかがわからず、心の中がどんどんとぐちゃぐちゃになってしまうのです。

逆に、体の反応を通して目的意識を聞いていくことは、慣れるとどんどん上手くなっていきます。

自分の心の声がよく聞こえるようになってきます。そしてコミュニケーションを取ることに慣れることでネガティブな感情に振り回されなくなっていきます。

小さな違和感、抵抗感、または少しの嫌な気持ちなどスルーしていませんか？

小さな感覚もすぐにキャッチし（認めて）、丁寧に対処する習慣を取り入れてみてください。

ネガティブな感情の取り扱い

心の感度を取り戻す

現代の人は我慢をしたり、たくさんの情報にさらされることで意識が分散したりして「感じる」ということが少なくなってきています。

我慢というのは、例えば満員電車に乗って会社に行き、やりたくない仕事をさせられ、上司からは毎日のように文句を言われる。

そんな生活をしていたら心は悲鳴を上げたくなりますが、悲鳴を上げたところで仕方がないと捻くれてしまうことで心の感度が下がっていってしまうのです。

意識の分散というのは、例えばスマホを見ながらご飯を食べたり、常に色んなことを考えたりすることで、目の前のことに集中できなくなってしまう。

こういったことを繰り返し、心の感度が下がってしまうと「自分がやりたいことがわからない」という状況に陥ってしまいます。

僕も心が不感症になり「いつ死んでもいいや」くらいまで思うまでになっていました。積極的に死にたいというほどではなかったのですが、モノクロの世界で息苦しく生きている感覚。

僕はＮＬＰの勉強をしながら心の感度を取り戻していくことで、人生に彩りを取り戻していきました。ふとした瞬間に「空が青くて綺麗」と感動したり「金木犀っていい香り」と香りだけでいい気分になれたりした自分に驚いたのを覚えています。

心の感度を取り戻すためにも、心の反応に意識を向けて、心から上がってきている声を認めていきましょう。意識的に五感を使って日々を過ごすのも効果的です。

ネガティブの取り扱いが上手くなるとイージーモード

ネガティブな感情が出てきたとき、どうしても心地よい感情ではないから見たくないし感じたくないと思うかもしれません。

しかし何度も出てきたように、そのネガティブな感情には自分のためという目的があります。その目的をしっかりと認めて受け入れていきましょう。

小さな違和感や、些細なネガティブかもしれません。しかしそれを無視せずにしっかりと向き合うことを繰り返してみてください。

ネガティブな感情が出てきても、その感情に振り回されなくなるだけでなく、そもそもネガティブが出てくること自体が少なくなってきます。

ポジティブにいられることが増えていき、人の目が気にならなくなったり、行動がしやすくなったりと人生が楽に感じられる場面が増えてくるはずです。

そう、どんどんとイージーモードな人生にしていくことができるのです。

自分と仲良しになるとは

まずは部分を認める意識から

「自分を認める」とか「自分を愛する」という言葉はよく聞きます。

僕が過去に自己否定をして自分が嫌いだったときは、それが大切だと聞いてもどうしていいかわかりませんでした。

この章で話をしてきたことは「自分（の部分）を認める」「自分（の部分）を愛する」と言い換えることができます。

そしてそれらの部分が集まっているのが「自分」です。

まずは自分の部分を認めて受け入れていく。ここからスタートすることで、自分と仲良くなっていける。つまり自己肯定感を高めていけるのです。

自分を愛するという意識

自分を愛するというのは、自分をただ甘やかすということとは違います。

「愛する」という言葉には心から大切に思うという意味があります。

自分のことを心から大切に思うからこそ、自分に厳しくするという場面もあるかもしれません。

ただ、その厳しさというのは頭ごなしに否定するようなものだったり、自分の心から出ている意見だったりを無視して責めるようなものではないと思います。

まずは自分の心を細かく観ていくことが大切であり、そのためにも部分部分の反応に意識を向けてそれぞれの目的意識を聞いていく。そして寄り添ってコミュニケーションをしていく。

ぜひこれを癖づけてみてください。

ここまで主にネガティブな感情に対して、体を通して潜在意識とコミュニケーションをとっていく方法を解説してきましたが、ネガティブ以外にも活用していくことはできます。

例えばランチを何食べたいかという小さなことから、未来に対して自分はどうしたいのかという決断すること、またはどちらがいいだろうかという選択のときも、心に訪ねてみる。

あなたの体の中にいる無数の部署たちに意見をもらいながら、一番バランスの取れた一番納得のいく答えを探してみましょう。

漠然と潜在意識に聞くといってもわかりにくいので、体の反応を元にそこに問いかけていくことがおすすめです。

自己肯定感が低いとネガティブな感情が湧きやすく、そんな感情に支配されやすく苦しいと感じてしまう場面が多くなります。だからこそステップ０として考え方をお伝えしてきました。

自分の心とコミュニケーションを取ることに慣れれば慣れるほど、より人生がイージーに、そして豊かさを感じていただけるはずです。

〔図表2　ＷＯＲＫ〕

WORK

体を通して潜在意識にアクセスし自分（の部分）とコミュニケーション

❶ ネガティブな反応を生じさせている体の部分を特定し感謝する

❷ 目的を聞く「私のために何をしようとしてるの？　何を教えようとしてくれているの？」

❸ 答えが返ってくるのを待ち、答えが返ってきたら寄り添って会話をしていく（より奥にある目的を引き出す）。

❹ アイデアを考えてくれる体の部分を特定して、解決策を考えてもらう「目的を大切にした解決策を考えてください」

❺ 解決策が出てきたら、それを実行することをイメージし、違和感や抵抗感が出ないかチェックする。違和感や抵抗感が出たら❶から❹を繰り返す。体全体で納得、調和している感覚が出てきたら終了。

第3章：ステップ1／根拠のない自信をつくり出す方法

そもそも自己肯定感とは何なのか？

自己肯定と自信は違う？

「自己肯定感が高い」という言葉を聞いたときに、自信がある人をイメージするかもしれません。

自己肯定感が低いというと、例えば他人の目を気にする、人と比較してできない自分に落ち込む、失敗を恐れるなどがイメージできますが、そう考えると自信がない状態と言えそうです。

ですが、自己肯定感が高いことと自信があることは少し意味が異なります。

自信という概念を理解するためにも大切なことなので、まずは自己肯定感という漢字を分解して見てみましょう。

単語の意味から見る自己肯定感

肯定という言葉を辞書で調べてみると「その通りだと認めること」と出てきます。

では認めるという言葉も調べてみると「目にとめる・存在を知覚する」と書かれていました。

こうして見ると、自己肯定とは「自分を目にとめる」「自分という存在を知覚すること」という意味であることが見えてきます。

目にとめるというのは認識と言い換えるとわかりやすいかもしれません。

一般的には「上司が認める」という表現をするときには、上司がいい評価を下しているという意味で使われることも多いですが、本来の認めるの意味はただ認識しているだけ。

認めるという言葉には「いい・悪い」という評価は入っていないのです。

肯定するというのはよいと判断する印象を持つかもしれませんが、ただ認識すること。

よい、悪いは関係なく自分という存在をただただ知覚するだけ。

ここがベースになってくる大切な捉え方となります。

改めて自己肯定感とは

自分には様々な部分があります。できることもあればできないこともあります。

それらをいい・悪いではなく、優れている・劣っているでもなく、正しい・間違いでもなく。

まずはただただ知覚、認識すること。そして現状、自分にはそれがあると受け入れること。これが自己肯定感を高めるために大切なファーストステップです。

受け入れるというのは「事実としてそうであると迎え入れること」と捉えてみてください。

ここまでのことを踏まえて、本書なりの定義をするとしたら「自己肯定感とは自分という存在を知覚し、受け入れる感覚のこと」となります。

自信満々でポジティブ思考で陽気な状態の人を自己肯定感が高いというわけではありません。

もっとフラットに自分のことを捉えるレベルの高さと考えてみてください。

空（くう）の世界観

空の考え方が人生を変えた

僕は空（くう）という考え方に出会ったことが1つ目のターニングポイントになりました。空という考え方が「ただ知覚する」「いいも悪いもない」という概念を後押ししてくれたのです。そして空の考え方を人生に取り入れたことで、僕の人生はどんどんイージーに感じられることが増えていきました。

空とは仏教の根本思想の1つです。少し捉えどころが難しいと感じるかもしれませんが、自己肯定感の感覚を共有するためにも、是非この空の話から物事に対する捉え方を変えていくことにトライしていただきたいと思います。

空のニュアンス

『空は関係によって移り変わる世界のこと』と定義をしてみます。

例えば「熱い」はいずれ冷めます。外の気温などとの関係によって熱が拡散していくからです。つまり不変の「熱い」というものは存在しません。常に変化しています。

僕が東北の田舎で温泉に入ったとき、とても温度が高いお湯で「熱い！」と思わず声を漏らしました。先に入っていた地元のおじいちゃんは「これくらいが気持ちいいんだべ」と言っていました。もしかしたらおじいちゃんは身体が冷えていたのかもしれません。冷えていたところに熱いお湯の刺激（触覚）が気持ちいいと感じさせたのかもしれないですね。同じおじいちゃんでも夏の暑い日に火照った身体で同じ温度のお湯に入ったら「熱い」と言っていたかもしれません。もちろん僕が熱さに敏感だった可能性もありますね。

同じ温度だったとしても、このように関係性によって「熱い」にも「気持ちいい」にも移り動いています。つまり「何度だったら熱い」という不変なものはないのです。

色はすなわち空である、空はすなわち色である

「空」は「無」とは違います。「無」とは何もないという意味であり、「空」は何もないというわけではありません。

雨上がりの空に虹が見えるのは、空気中の水蒸気に太陽光が入る角度と、自分のいる位置（という関係）によって鮮やかな色として認識できます。

しかし「あなたの家のちょうど上のほうに虹が架かっているから見てみて！」と電話をした友達が家の外で空を見上げても、角度の条件が当てはまらないので虹は見えません。

見えないからないかというとそうでもなく、逆に見えているからあるかというとそうでもない。関係性によって移り変わるこのニュアンスを感じてみてください。

自分とは何なのか？

言い表せない世界

何故この空（くう）が僕の人生に影響を与えたかというと、自己肯定感における「自己」に対する捉え方が変わったからです。

わかりやすく「自分」として話をします。

自己肯定感が低いときには「自分はダメだ」「自分には価値がない」というように考えていました。この「自分」というものも関係性の中でしか存在せず、常に移り動いています。つまり不変の「自分」というものは存在しないのに、まるでダメなことも価値がないことも不変であるかのように捉えていたのです。

関係性の中でしか存在しないというのは、例えば昔の僕は飲食店で働いていたのですが、そのときはお店からしたら「スタッフ」、お客さんからは「店員」。そして彼女から見たら「彼氏」だし、当時住んでいた場所は静岡県だったので「静岡県民」でもありました。

このような何かとの関係の中に「自分」というものがボンヤリと浮かんできます。しかし今はスタッフでも店員でもないし当時の彼女から見た彼氏でもなければ静岡県民でもありません。時間と共に「自分」が関係性の中で移り動いているのです。

不変な自分なんていない

外の何かとの関係だけではありません。髪の毛があって皮膚があって手足があって、目には見えていないけど内臓があるなどの肉体によって「自分」と感じるとしても同じです。

美容室で髪の毛を切った後、髪の毛は捨てられてしまいます。そのときに「自分が捨てられてしまう」とは思いませんよね。もし交通事故で片手を失ったとしても、「自分」ではなくなるなんてこともありません。細胞が集まって「自分」になっているけれど、日々大幅に入れ替わっても大幅に「自分」が変わったとは感じないですよね。

性格なども同じです。過去の僕はネガティブで根暗なのが「自分」でした。今ではそうではないけれど「自分」がなくなったわけではありません。

このように考えていくと、どこからがどこまでが「自分」で、何を持ってして「自分」なのかは完全に言い表すことはできないということになります。

不変で固定化された「自分」という実体はありません。様々な関係性の中に、ボンヤリと感じるものに「自分」という言葉を与えて概念をつくっているのです。そして「自分」は絶えず動き続けて、移り変わっています。

過去の僕は「自分はダメだ」という言葉に絶対的なものを感じて（信じて）いました。しかし空の考え方を知ったときに「自分」にも「ダメ」にも不変の実体がないのだと、思い込みが緩んだことによって「自分にはダメじゃないこともあるのかも？」と肯定の余地が生まれていったのです。

幸せはどこにある？

関係性の中にだけ存在する概念

関係性の中に言葉を与えることで概念となります。

「幸せな結婚」を求める人がいます。しかし、結婚生活には幸せに感じる時間もあれば不幸せに感じる時間もあるでしょう。やはり「結婚生活」も常に移り動いています。不変な「幸せな結婚」なんてものはないのです。

「幸せ」という言葉も人によって何を想像するかが違います。僕がこれまでコーチング時に幸せという言葉が出てきたら、どのようなニュアンスなのかをたくさん聞いてきました。人によっては高揚感として「わーい！」とテンションが高い感じ。ある人によってはじんわり温かく穏やかさが広がる「ほっこり」という感じ。だいぶ違うこの感覚を同じ「幸せ」という表現にしているのを見てきました。

つまり「幸せ」にも「幸せな結婚」にも不変な実体はないということです。あくまで関係性の中に言葉を与えることでその人だけの概念としてあるだけです。しかし「幸せな結婚」と概念化することで、まるで不変な実体が存在しているかのように感じ、「それを手に入れたい」と執着が生まれることで不変なものが手に入らない苦しみが生まれることになるのです。

言葉と概念と

すべては空（くう）であり移ろいでゆくものだから、「こうでなければならない」という不変なものはありません。「これが正解だ」ということもありません。

そんな無限の関係性の中で、言葉を与えることで概念になります。

リンゴを見たときに、赤くて丸くてすべすべして少し光沢があり甘酸っぱい匂いがして…という関係性を元に「これはリンゴである」という言葉によって概念になるわけですね。

そして更に自分が体験したことを元に「リンゴは甘い」とか「リンゴは美味しい」などの言葉を与えたり、「甘いから美味しい」とか「美味しいから幸せ」と言葉を与えたりすることで、概念が幾重にも重なっていくのです。

もちろんリンゴは甘いものもあればそうでないものもありますし、美味しいものもそうでないものもあります。甘いものが好きじゃない人もいれば、美味しいものに興味がない人もいます。

やはり「甘い」にも「美味しい」にも「甘いから美味しい」にも「美味しいから幸せ」にも不変なことはなく移ろいでいるわけですね。

この概念を本書では「マインド」として第5章のところで、もう少しシンプルに使いやすい考え方としてお伝えしていきます。ですが、ベースとしては、まずはここの空の感覚を抑えておいていただけたらと思います。

ここからもう少し日常で使いやすい考え方へと落とし込みをしていきます。

優れているも劣っているもない

優劣のおかしな物差し

「優劣」というのも、何かと比較をした関係性の中にだけ生み出された実体のない概念です。

例えば勉強ができるから優れていると思う人がいたとします。でもそうなのだとしたら、どれだけ勉強ができたら優れているのでしょうか？

上には上がいるわけで、優劣の物差し（概念）を採用した時点で誰かから比較したらいつまでも誰かよりは劣っている（下になる）ことになります。劣っているからダメだとするなら一生ダメで永遠に苦しいことになってしまいます。

学生時代には勉強ができたけど、社会人になってみたら仕事はできないというのはよくある話ですよね。では、そういう人の場合は優れているのでしょうか？　それとも劣っているのでしょうか？

勉強もできて、仕事もできたとします。なんだか優れている感じがします。でも家庭を顧みず仕事に専念し過ぎた結果、家に帰っても妻も子供も相手をしてくれなくなったとします。これは優れている人と言えるのでしょうか？

こうして見ていくとやはり関係性の中で部分的に切り取って優れている・劣っていると言葉を与えているだけで、優劣という実体はないことがわかります。

承認欲求は他人に振り回される

自己肯定感が低かった時代の僕は、劣等感も強く持っていました。

「自分は劣っている」と思い込み、能力が低い自分は普通の人よりできないのだと信じ込んでいたのです。

この状態だと自分が劣っているとかできないということばかりにフォーカスして、自分のいいところやできていることは認められません。

自分で認められないものだから他人から「いいね」と褒められたい、「凄いね」と言われたいと思っていました。これは承認欲求と呼ばれるものですね。

しかし、「いいね」も「凄いね」も不変ではなく実体のない概念です。

相手がいいと感じるか、または相手が凄いと思うかは相手次第です。明日だったら「いいね」をくれたかもしれないけど、今日のタイミングだったら「いいね」を貰えなかったとします。でも今日はたまたま相手の体調が悪かったのかもしれないし、考え事をしていたのかもしれません。

自分がどれだけ頑張ろうが、そして実際にできていようがいまいが、相手はそれについてどう捉えるのかはわかりません。

相手がどう捉えるかをこちらがコントロールできない以上、その相手の反応を求めようとすればするほど顔色を伺う形になり、どんどんと振り回されていってしまいます。

劣等感からくる承認欲求はハードモードを歩むことになってしまうのです。

これで劣等感の物差しを手放した

ルールが違うのに比較することがおかしい

サッカーの選手がラグビーの選手を見て「あの人は手を使ってボールを運んでいてズルい！」とは言いません。ルールが違うからです。当たり前の話ですよね。

それと同じで人の人生ってみんな違います。

なのに、あの人は勉強ができる、仕事ができる、容姿がいい、モテる、親が金持ちだ、お金を持っている…など何故か気になってしまいます。

違うスポーツ（人生）なのに、部分だけを切り取ることで比較が生まれる。そして本来は移り動いている実体のないものなのに、まるで劣っていることが不変なことかのように思えてしまう。

そして苦しくなってしまうというのが自己肯定感の低い人の思考癖です。

優劣ではなく先・後の物差し

自己肯定感が低かったときの僕は、人を上だ下だと決めて色眼鏡で見ていました（そして自分が下であることを探しては落ち込み、自分を責めていました）。

しかし空（くう）という考え方に出会い、「上も下もないんだな」と徐々に思えるようになっていきます。少しずつ捉え方に変化は出てきたものの、なかなかしぶとかったのが「でも実際にあの人より自分はできないし」という捉え方でした。

部分を切り取ったときにできる・できないは事実としてある。「自分はできないから下である」という思い込みがどうしても外れなかったのです。

あるときにふと「上も下もない。優も劣もない。でも先と後はある」と気づきました。

先輩と後輩と考えるとわかりやすいかもしれません。

この分野において自分より先に始めた先輩はいる。その人からは学ぶことはたくさんある。だからと言って、その人が上でもなければ人として優れているとも限りません。

もちろん劣っているというわけでもなく、「自分よりはこの部分において先を行っている」という物差し（概念）を採用したのです。

上下、優劣ではなく先か後かの物差しにしたことで劣等感から抜け出していくことができました。

逆に自分が人に何かを教えるときも同じで、何かにおいて先に進んでいるから教えられる部分があるだけであり、それが人として優れているわけでもない。そう思うからマウントを取ろうとも思わないし、いつも謙虚で心地よくいられるようになったのです。

もちろん先も後も不変な実体はないのですが、このように言葉を変えることで概念が変わります。概念が変わると感じ方が変わります。より楽に、より自然体でいられる概念にするために、言葉を変えていくことで人生を意図的に変えていくことができるのです。

自分で自分を裁き、自分を苦しめる裁判

不必要な物差し

１７０cmの身長の人を見て、１６０cmの人からしたら「高い」と言います。１８０cmの人からしたら１７０cmは「低い」と言います。

このように言う人（関係性）によって変わるので、１７０cmという長さ自体には「高い」も「低い」もないということになります。そもそもの高いも低いも実体はないのですが、概念として「高い」と言ったら「低い」も生まれるという関係にあります。

これは例えば、「いい・悪い」「正しい・間違い」なども同じです。

「これは〇〇だからいい」と表現すれば、「〇〇じゃないものは悪い」という前提が入ることになる。「これは正しい」と捉えれば、「正しくないもの（＝間違い）」があるという前提になります。

しかし空の考え方で言えばいいも悪いも、正しいも間違いも実体はありません。

関係性の中で自分がそのように言葉を与えて、そのように捉えているだけです。

この物差しを手放すこともできます。いい・悪い、正しい・間違いという捉え方をしない世界の住人になることはできるのです。

自己肯定とは「自分はいい」と捉えるわけではないことを理解していただきたいと思います。

ジャッジしていませんか？

いい・悪い、正しい・間違いで判断することを「ジャッジする」と表現します。

ジャッジというのは裁判すると捉えるとイメージがしやすいかもしれません。裁判官として「これはいい」とか「これは間違いだ」と裁く行為がジャッジです。

僕がまだ自己肯定感が低かったとき、「自分は何も価値を生み出していない（から悪い）」とか「自分の人生は間違いだらけだ」と思い込んでいました。

つまり自分で自分の人生を裁判にかけて、自分を罪人のように判決を下していたのです。

裁くのではなく認めて受け入れる

自己肯定感とは「自分という存在を知覚し受け入れること」という定義を話しました。

肯定とはその通りだと認めること、認めるとは目にとめることという意味でしたね。

つまりいい・悪いではなく、ただ知覚するだけ。そしてそれを受け入れるだけ。

これは自分に対してだけでなく、他者に対しても同じです。

「それはいい」「それは悪い」と裁くのではなく、「あなたはそうなんだ」「あなたはそう捉えているんだ」と、ただ認めて受け入れていく。

これができると争いが生まれることはなくなります。いい・悪い、正しい・間違いという実体のないものに振り回されなくなることで、どんどんと軽やかな人生になっていくのです。

意味は心の中にしかない

外の世界には意味はない

よくある例えで「コップに半分の水がある。このときにもう半分しかないと捉えることもできるし、まだ半分もあると捉えることもできる」という話があります。

これを構造として分解してみましょう。

まずコップに入った半分の水を見るという行為は、太陽やライトなどの光がコップや水に反射し、その反射した光が目に届いて色として認識します。

このときに過去の経験を元に一瞬にしてニュアンスを感じ取ります。「足りない感じ」とか「少ない感じ」というネガティブなニュアンスを無意識的に、かつ直感的に感じ取ってから「もう半分しかないのか」と思考をするという順番になります。

外から入ってきた情報を元に、自分の心の中に意味をつくっています。

色の場合は網膜に届いた光を見て「綺麗だ」と、音の場合は空気の振動が鼓膜に届いて「いい音だ」という風に意味をつくります。触覚の場合は熱の刺激が肌を通して感じることで「温かくて心地いい」と意味をつくっているわけですね。

つまり外に存在している物にも出来事にも（客観世界には）意味はありません。コップにも半分にも水にも、それ自体には意味はなく、その情報を受け取った自分の心の中にだけ意味をつくり出していることになります。

リフレーミングで視野が広がった

同じ物や同じ出来事を見たり体験したりしても、人によって意味のつくり方は異なります。そして同じ自分の中でもタイミングがずれるだけで捉え方が変わることだってあります。客観的な世界には意味はなく、あくまで主観的な世界、自分の心だけに意味をつくっているのだということを踏まえると、意味は変えてもいいのだということがわかります。

リフレーミングという言葉があります。元は家族療法の用語で、物事について新しい捉え直しをすることです。

僕はＮＬＰを学んでいるときにこの言葉を知りました。そこでは１つの物事に対して様々な言い回しを変えることで捉え直しをする練習をしていました。

言い回しを変えることによって、様々な角度から物事を見ることができるようになり、短所と思っていたことが長所でもあることに気づいたり、ネガティブに捉えていたことを可能性と捉えることができたりするようになっていったのです。

不変であると思い込むとそれが真実であるかのように思います。しかしこの世に不変なものなどなく、意味をつくっているのも自分の心の中にだけ。どのように捉え直しても間違いはないのです。

リフレーミングの極意

ネガティブからポジティブへ捉え直し

一番わかりやすいリフレーミングは、ネガティブなフレーム（枠組み）で捉えていたものを、ポジティブなフレームに捉え直すことです。例えば「優柔不断」という言葉はネガティブな印象として捉えられます。これをポジティブな側面として捉え直してみるとどうでしょうか？

優柔不断な様をイメージして、そのポジティブな側面を言葉にしていく作業です。

「慎重である」とか「思慮深い」など、じっくりと考えている姿は目に浮かびますよね。決断までに時間がかかることは「石橋を叩いて渡る」とも言えますし、その分「確実性が上がる」傾向にはあると言えそうです。

ポジティブと捉えるかは文脈によりますが「繊細」であるとも言えそうですね。

このように1つの物事から、様々な意味を切り取ることができます。そしてそのどれもが正解でも間違いでもありません。

言い聞かせるのは注意

しかし注意が必要なことは、一度ネガティブに意味をつくったものに対して強引にポジティブに捉え直そうと思い、心に言い聞かせるようになってしまうことです。

一度「もう半分しか水がない」と物足りない印象を持った人が、「いや、これはまだ半分もあるということだ！」とリフレーミングをしようとしても、心の底からはなかなかそうは思えません。

外から情報が入ってきたときに一瞬の内に無意識的に、ネガティブな印象が決まってしまっているので、その後に頭（顕在意識）だけで印象を変えようとしても変わらないのです。

そこで1つの方法としては、一度リセットをしてから情報を再インプットすること。新しいフレームをイメージによって設定してから、見る・聞く・感じるなどを行うというやり方です。

例えば目をつぶって、３日間暑い砂漠の中をさまよって喉がカラカラの状態になっていて、唾を飲み込むのも息をすることすら苦しい。そのときにたまたま通りかかった現地の人が「コップに半分だけですが水をあげましょう」と差し出してくれた。

そのようなイメージをしてからパッと目を開けます。

そうするとどうでしょうか。先ほどまで足りないと感じていたコップに半分の水を改めて見たときに、違う印象になっていることを実感していただけるでしょう。

自分がネガティブに捉えていることを違う風に捉える人や、違う風に感じる状況はないだろうかと考えて、そのフレームをイメージの中で借りてくることで新しい感覚を感じられるのです。

このようにリフレーミングをすることで固定化された意味だけではなく、縦横無尽に意味の捉え直しができるようになることが自己肯定感を上げる土台となります。

「それって本当に本当なの?」

すべてを認めて受け入れていく

自己肯定感が低いと、自分を下げるような意味を自分の心の中でつくりやすくなります。

ここまで話をしてきたように「自分はダメだ」「自分は無能だ」「自分は価値がない」など、そんな実体も正解もどこにもないのですが、まるで真実かのように思い込んでしまいます。

この状態はとても苦しく、行動力もやる気も奪われ、人の目を気にし、失敗が怖くなって…と、どんどん人生ハードモードな状況をつくり出してしまうのです。

だからと言って「自分は大丈夫」「自分はできる」「自分には価値がある」と思い込もうとしても言い聞かせるだけになってしまいます(むしろ間接暗示となって逆効果になります。間接暗示については第7章で解説します)。

そこでやっていきたいことが、認めて受け入れるということになります。

「自分はダメだ」と思っているのなら、「自分をダメだと思っている」ということをジャッジせずに(いい・悪いは置いておいて)ただ認識をする。そしてそのことに対して否定するのではなく「そういう自分がいる」と受け入れる。自己肯定感を上げるには、まずはここから始まります。

もしかしたら「ダメと思っている自分を受け入れようとしたけど、そんなことしても無駄なんじゃない？」という思いも上がってくるかもしれません。そしたら「無駄だと思おうとする自分がいる」と認めて受け入れていきましょう。

フラットにするトレーニング

認めて受け入れることができてからおすすめしたいのが、なるべくフラットに物事を捉えるトレーニングです。客観世界には意味はないと話をしてきましたが、主観的につくられた意味を挟まずになるべく客観的事実だけを言葉にする練習です。

例えば「自分はダメな人間だ」という意味づけをしているのであれば、何かダメなことがあると判断していることになります。それは何についてでしょうか？

「決めたことができなかった。だからダメだ」

そう思い込んでいたとしても一度疑ってみましょう。

「本当に、本当にダメなんでしょうか？」

「ダメというのは何でしょうか？」

「今まで一度も決めたことをできたことがないのでしょうか？」

「他の人は決めたことが必ずできるのでしょうか？」

このように見ていくと「ダメという不変な実体があるわけではない」「私がダメだと意味づけをしただけである」と思えてきます。

苦しさを手放すための再学習

もっとフラットにできる

フラットに捉えるためには、まずは意味づけに気づくことから始まります。

例えば「頬を叩かれて腹が立った」という出来事があったとしましょう。

腹が立ったというのはわかりやすい意味づけですね。

実はその前の「叩かれた」という表現にも意味づけが隠されています。「される」という言葉は、被害を受けたという意味づけをしているから出てきている表現になっているのです。

浮気をして猛反省をしている人であれば「叩かせるほど怒らせてしまった」になるかもしれないし、ドMな人は「叩いていただいた」と喜ぶかもしれない。

「叩かれた」が事実ではありません。

同じ現象でも捉え方は千差万別であり、やはり正解（意味）は外の世界にはないのですね。

ではこの出来事をフラットに近づけるとどうなるでしょうか。

「叩かれた」という場面を客観的にイメージし直して、極力中立的な立ち位置で考えていきます。

もちろんこれにも正解はないのですが、例えば「私の頬に相手の掌が当たり5キログラムの衝撃が走った」と言えば、だいぶフラットな感じになりますね。

〔図表３　リフレーミングの例〕

ネガティブ	ポジティブ	フラット
頑固	筋が通っている 意志が強い	変えたくない 自分の意見がある
無神経	思ったことを言う 自分を持っている	発言により 相手が嫌と感じた
優柔不断	思慮深い 石橋を叩いて渡る	決めるまでに ５分の時間を要した
怒りっぽい	情熱的 エネルギーが高い	顔を赤くして 大きな声を出した
飽き性	好奇心旺盛 視野が広い	新しく始めたことが ４日目で止めた
計画性がない	柔軟性がある 直感的	頭の中のイメージを 元に動き出した
暗い	ミステリアス 穏やか	俯むくことが平均と 比較して２０％多い
調子に乗る	盛り上げるのが上手 元気	顎の角度が上がり 声が大きくなった

誰が悪いとか間違っているとかを省いた上で表現してみるのがフラットに捉えるトレーニングになります。

これを繰り返していくことで、自分を苦しめていたつくられた意味づけを手放していくことができるので、ぜひ様々な出来事についてフラットにする練習をしてみてください。

リフレーミングの練習

まずはネガティブな言葉をピックアップしてポジティブに言い換えてみてください。

そして次にフラットな言い回しに言い換えてみましょう。

視野が狭くなって苦しんでしまう思考癖

いつもっていつのこと?

物事をよりフラットに見ていくためには「一般化」という考え方も知っておく必要があります。「一般化とは、ある一部の情報を全体に対して当てはめること」です。「一般的に」という言葉がありますが全体的に当てはまっている(と捉えている)ときに使います。

わかりやすいところで言うと「みんな」「いつも」「普通は」「全部」「絶対に」などの言葉が出ていたら一般化しているサイン。

一般化をすることによって例外がないように感じてしまいます。

例えば、過去の僕は「いつも上手くいかない」と思い込んで悩んでいました。

人の目を見て話ができないし、緊張して指や声が震えたりするし、失敗を怖がり過ぎて小さなミスを連発したりしていたのは事実としてあります。

しかし実際は上手くできていたことも数え切れないくらいあります。人の目を気にする癖のお陰で、先回りして動いて喜ばれたり、失敗をしないように考えるから細かいところに気がついて指摘できたりなど、自分の短所だと思っていたことの中にも長所的な部分がありました。

これらを事実として表現するならば「上手くいかないこともあるし上手くいくこともある」とい

うのがフラット的な捉え方になります。

価値がないなんてことはない

先ほどの「みんな」とか「いつも」という言葉が入るとわかりやすいのですが、日常的には巧妙に隠れて一般化されることも少なくありません。

例えば「私は価値がないんです」と言っている場合。

「（常に）私は（皆から）価値がない（と思われている）んです」という一般化が隠れています。

就職活動が失敗続きだったとしたら、一部の面接官から見て即戦力としての価値を見出してもらえなかったということはあるかもしれません。

でも、例えば今日何かご飯を食べたのだとしたら、農家さんに取ってその人はお客さんであり食事をしてくれる人がいるから農家さんは仕事になっている。農家さんから見たら価値ある存在です。

コンビニでお金を払ったのだとしたら、そのお金は誰かの給料となり、その給料で誰かの喜びに繋がるかもしれません。そのお金を循環させるという意味で価値のあることをしています。

このように一般化をしていることに気が付くことで、よりフラットに事実を見ていくことができます。

逆に一般化をして例外がないと思ってしまうと視野が狭くなり、本来は実体がないものなのにまるで不変のものとして実体があるように思い込み、苦しみを生んでしまうのです。

人生の質を底上げするために

認めて受け入れることから

改めて定義を振り返ると「自己肯定感とは自分という存在を知覚し受け入れる感覚のこと」。そもそもは「自分」という実体はなく、移り動く関係性の中に存在しているもの（概念）であり、それ以上でもそれ以下でもないのが「自分」です。

何かができていようができていまいが自分は自分です。人から評価されていようがいまいが、それは事実としてそこにあるだけ。よくも悪くもなければ正しいも間違いもありません。ジャッジをするのではなく、ただ認めて受け入れていく。この感覚が高い状態が「自己肯定感が高い状態」です。肯定とは「その通りだと認めること」。認めるとは「存在を知覚すること」。

何かを思ったらそのままを認めて受け入れる。何かを感じたらそのままを認めて受け入れる。

この「そのままを認める」というときに強い思い込みがあるとジャッジが入ります。そのジャッジをしないために、ここまで空（くう）の話や、リフレーミングの話をしてきました。

認めて受け入れてフラットな状態でいられれば自己肯定感が高い状態でいられます。この状態をキープしていると、どんどんと人生の質を底上げしていってくれます。

そう、人生がイージーモードへと変わり始めていくのです！

第4章：ステップ2／エフィカシーをあっという間に高める！

モチベーションが低くなる当然の話

自己効力感とは

前章では自己肯定感という言葉について色々と見てきましたが、この章では自己効力感という言葉について見ていきます。

段々と具体的な話も多くなってきますので、まずは概念を押さえていただき、その上でやり方を取り入れていただけたらと思います。

まず自己効力感という言葉について、本書での定義を共有しておきます。

「自己効力感とは、ゴールに対して自分はできると思える感覚のこと」

この自己効力感は「エフィカシー」と呼ばれることも多く、わかりやすくするためにも本書ではエフィカシーという言葉で解説していきます。

ゴールはあくまで目指すもの

ゴールというのは目的地であり、目指すものです。

例えば、東京から沖縄に行こうと思ったのならば、沖縄がゴール（目的地）になります。

この場合に、飛行機に乗って沖縄に行けると思っているならば「自分は飛行機に乗ることで沖縄に到達できる」という感覚がある、これが「エフィカシーが高い」状態です。

人はできそうだ、可能だと思えるからやろうと思うわけで、できない又は不可能だと信じているものをやろうとは思えません。

例えば飛行機代を持っていなくてチケットも持っていないのに飛行機に乗ろうとはしませんよね。

チケットはあっても明らかに台風で飛行機が飛ばないとわかっているなら空港に向かおうとは思いませんよね。

こうして書くと当たり前の話に思えますが、とても大切なところになります。

僕のところにコーチング相談に来られた方で「今年中に月50万円を稼げるようになりたいです」と言う方がいました。話を聞いていると、まだ1円も稼げていないのだそうです。

僕が「今年はあと半年ですが、月50万円は達成できそうですか？」と聞くと「ちょっと難しいかな」と答える。絶対に達成できるのが１００％だとして何％くらいかと聞くと「20％くらいですかね」と。これはちょっとではなく、だいぶ難しいと感じている数字になります。

むしろできないのではないか、不可能なのではないかと信じている割合のほうが大きいのに、ゴール（目指す場所）として設定しようとしていました。

どうせ無理だろうと思いながら半年も進み続けるのは、モチベーションが続かないとか、集中力や行動力が湧かないなどの問題へと繋がってしまうのです。

エフィカシーが高いからイージーモード

できるまでの自分を信じられるか

エフィカシーは未来にゴールを達成できる自分を信じているとも言えます。世間一般で使われる「自信がある」という言葉は「エフィカシーが高い」に近いです。

自信が高いというのは過信している状態とは違います。

やったことがないことに対して「大丈夫！　大丈夫！」とか「なんとかなるでしょ！」と高を括るのは過信です。

過信をしていると、できると思っていたのにできなかったというときにダメージが大きく、それこそ根底の自信を失ってしまいかねません。

エフィカシーが高いとは、現段階でゴール達成ができるかどうかではなく「できるまでやれる自分を信じている」という状態です。

「今はまだできないかもしれない。でもできるようになるまで自分は試行錯誤を繰り返すだろう。できるようになるまで成長するだろう」

その未来が来ると信じているからこそゴールに到達できると思えるわけで、ゴールに到達できると思えるからやろうと思えます。これがエフィカシーの高い状態なのです。

過去を参照して「自分」を定義している

「自分とはどんな人間だろうか」と考えるときに、基本的に人は過去を参照します。

もし過去に、何かをやろうと思ったけど諦めた。またやろうと思ったけどまた諦めた。そしてまた…と、何度も諦めることを繰り返したことがあると「また次も自分は諦めてしまうかもしれない」と未来に対して思ってしまいがちです。

（この場合、過去の経験を元に「諦める自分」というセルフイメージをつくったとも言えます。セルフイメージについては第7章で解説します）

逆に、やろうと思ったことに対して諦めずにやり遂げたという経験がたくさんあるとします。

そうすると「また次も自分は諦めずにやり遂げるだろう」と未来の自分を信じられるようになります。

後者がエフィカシーの高い状態ですね。

「自」分を「信」じると書いて「自信」。

未来の自分を（できると）信じているからこそ希望を持つことができます。「行動してみよう」と思えます。前向きになれるし、強くなれるのです。

自信があるとそれだけで堂々とできて、雰囲気も出てきます。人からも信頼されやすくなるし、いいこと尽くめ。

そう、このようにエフィカシーが高いと、どんどん人生がイージーモードになっていくのです。

ＤＮＡに刻み込まれた性質

どこにフォーカスしているか

人は誰しも変化成長をし続けています。

自己肯定感が低い人は「自分は何もできない」「自分は無能だ」と一般化して考えることがあります。しかし自転車に乗れるようになった、試験に合格したなど、何かしらの成功体験や達成した経験は誰しもあるはずです。

自転車に乗れなかった最初は足を着いてしまったり、転んでしまったりしたかもしれません。試験に合格するために勉強を頑張ったかもしれません。

ゴールを達成した裏には成長があります。できなかったことができるように変化しています。あなたはできていない一部分だけを見て一般化して「何もできない」と思っていませんか？

「できることもあるし、できないこともある」というのがフラット寄りな考え方。

できていないことは素直に認めて受け入れる。でも、できていることも認めて受け入れていくことがエフィカシーを高めるためには重要です。

だからこそステップ１（前章）として自己肯定感についてお話ししました。自己肯定感をベースにして次がステップ２のエフィカシーを育てていくという順番になります。

できた自分を認めて受け入れていく

人はネガティブなことにフォーカスを当てる性質のようなものがあります。

私たちの祖先、古代の人たちは命を永らえるためにも危険を察知することがとても重要なことでした。ネガティブなことをいち早く見つけて対処することが命に関わることだったからです。

それがＤＮＡに刻み込まれているのでネガティブなことに気づくほうが早く、得意なのですね。

だからこそ人は失敗などもフォーカスが当たりやすい傾向にあります。

しかし「これを失敗した」「これは上手くいかなかった」など、できなかったことばかりをフォーカスしていると、できない自分が一般化されて「いつも失敗する」「何もできない」という思い込みがつくられてしまいます。

先ほども書いたようにできるようになったことは必ず誰しもたくさん持っているのですが、できるようになると当たり前になって普通なことに感じられ、できているとすら思えなくなります。

例えば、自転車に当たり前に乗れる人は「私は自転車に乗ることができている」なんていちいち思わなくなっているでしょう。

当たり前と思うことかもしれない。小さいと思うことかもしれない。だけどできなかった時代と比較するとできるようになっている。ここを認めて受け入れていくことで「できる自分」が強化され、エフィカシーが高まっていきます。

そのためにもまずは過去の自分を認めて受け入れる方法をご紹介します。

自信を高めるためのタイムマシンワーク

時間を過去に移動してエフィカシーを高める

エフィカシーを高めるためにはいくつかアプローチがあるのですが、まずは過去からエフィカシーを高める方法をお伝えします。

時間を遡るイメージをして、過去にできるようになったことや達成したこと、上手くいったことなどを味わっていきます。

手順：エフィカシーを高めるタイムマシンワーク（前半）

① 生まれてきてから現在まで真っ直ぐ続く道があり、あなたはその道の真ん中に立っています。そして目の前には未来に向かって道は伸びています（というイメージをします）。

② 深呼吸をして気持ちを落ち着かせてから、「過去にできるようになったこと、達成したこと、上手くいったあの場所に行きます」と宣言をします（潜在意識に連れて行ってもらう感覚です）。

③ 自分の後ろに真っ直ぐ伸びている過去の道を戻っていきます。後ろ向きで歩いて戻るイメージでもいいですし、空中に浮いて過去の道を上から眺めながら戻るイメージでも、どちらでも大丈夫です。

〔図表４　タイムマシンワーク①〕

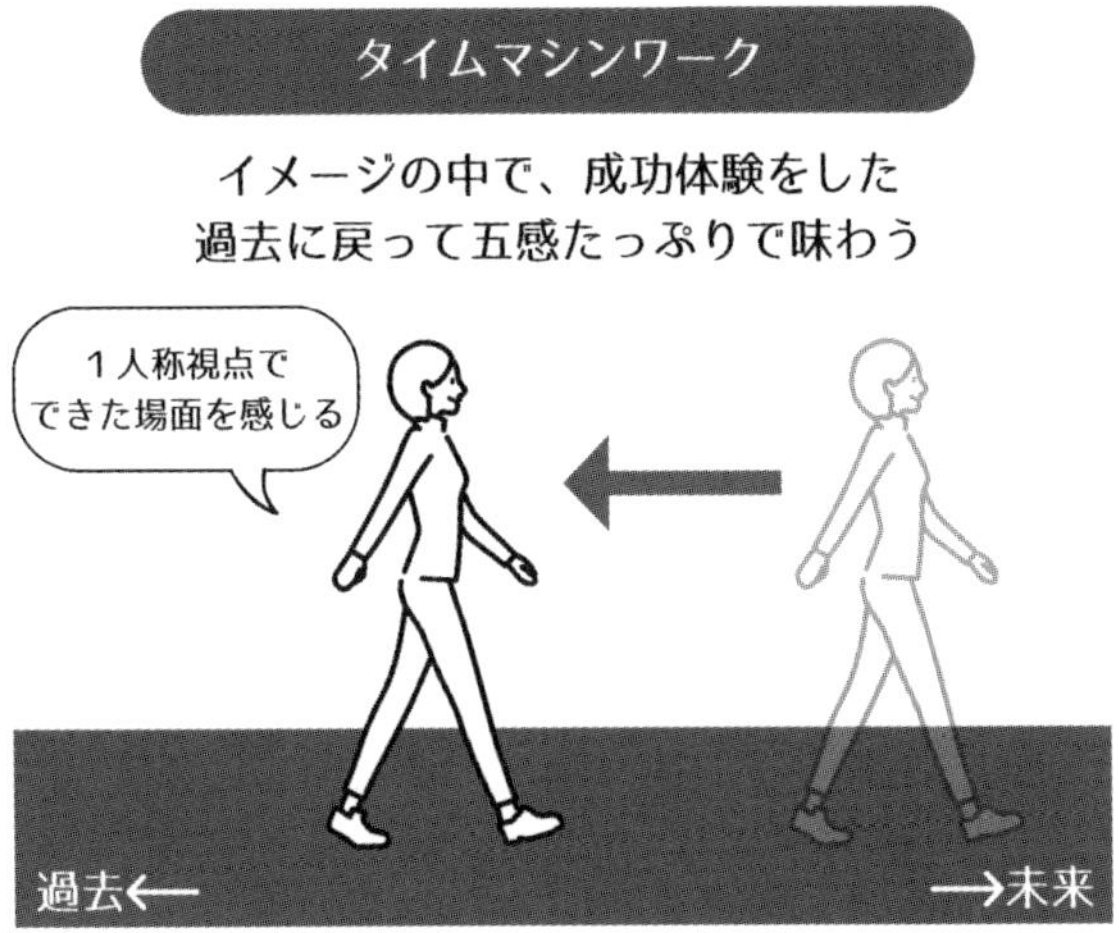

④　ふっと湧き上がるイメージや何かしらの感覚が体に生じたら、その道の上で立ち止まってください。過去の自分がいるイメージを客観的に外から（３人称視点で）見るのではなく、そのときの自分視点（１人称視点で）で過去の自分に入り込んで感じてみてください。

周りを見渡すと何が見えるでしょうか？
何が聞こえるでしょうか？
どんな独り言を呟いていますか？
何を感じますか？

⑤　感情も含めてできるようになったことや達成したことを五感たっぷりに味わうことができたら、さらに過去の道を遡っていきます。

そして④を繰り返していきます。

イメージ活用で潜在意識とコミュニケーション

手順：エフィカシーを高めるタイムマシンワーク（後半）

⑥　イメージで過去に戻って、いくつか成功体験を感じたらそこで味わった感覚を持ったまま、今度は「ゴールを達成している未来に行きます」と宣言をして未来へと向かいます。

今来た道を一気に現在に戻り、次に未来へと続く道を進むイメージをします。

「この辺かな」という感覚を感じる場所に来たら、未来の道の上で立ち止まって先ほどと同じように1人称視点で見える・聞こえる・感じることを言葉にしま

〔図表5　タイムマシンワーク②〕

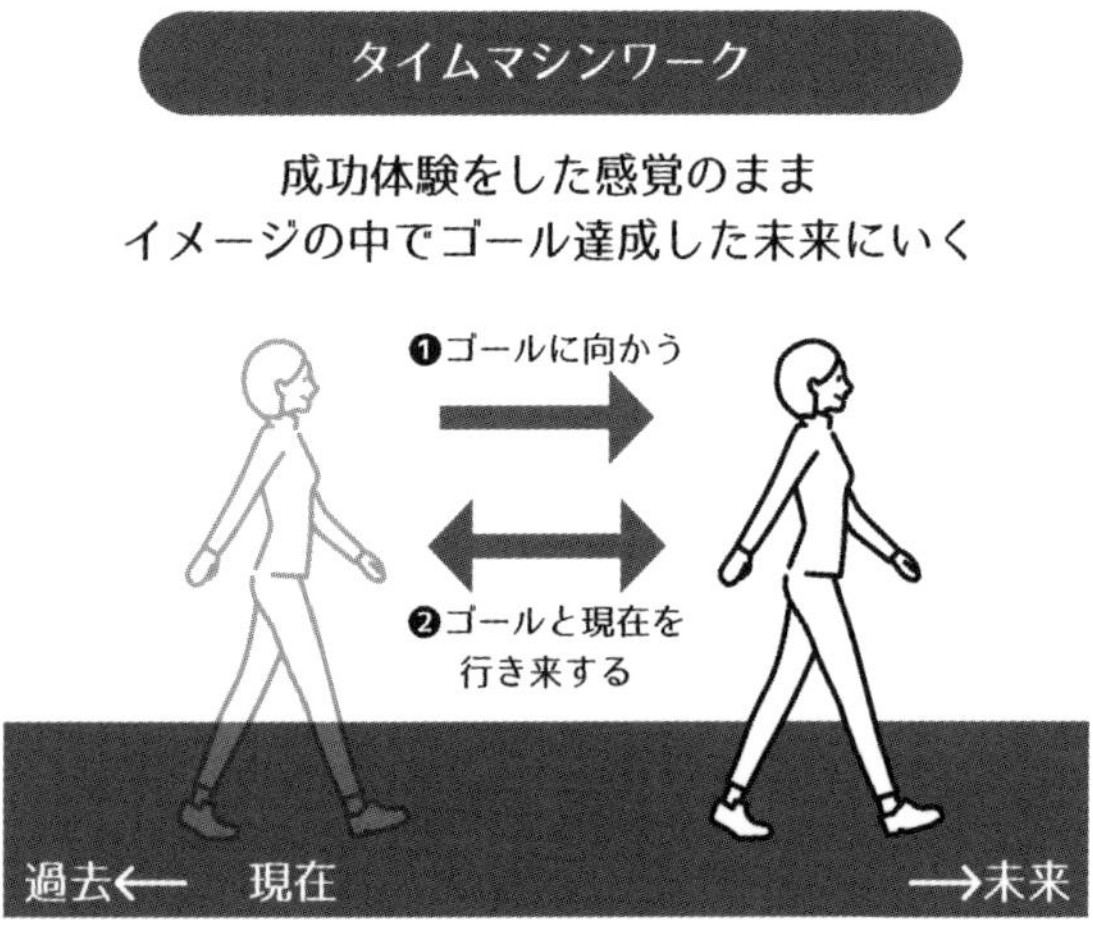
タイムマシンワーク
成功体験をした感覚のまま
イメージの中でゴール達成した未来にいく
❶ゴールに向かう
❷ゴールと現在を
行き来する
過去←
現在
→未来

す。

⑦　達成した未来と現在を結ぶ道を何度か往復してみます。

そのときに何かふっと湧き上がる考えやアイデア、イメージ、感覚などがあれば言葉にしておきましょう。何度か往復をしたら現在に戻ってきて目を開けて終了です。

潜在意識にアクセスする

時間というのは実際に後ろにあったり前にあったりするものではありませんが、多くの場合は過去が後ろにあり未来が前にあるという印象を持っています。

これは潜在意識の中に時間のイメージをそのように配置しているからなのですね。

そのイメージを線で結び、その線上を行き来することで潜在意識の中にある情報にアクセスしやすくなるという効果を狙ったアプローチです。

時間をタイムマシンのように行き来するアプローチは様々なことに応用ができますが、ここではエフィカシーを高める方法としてご紹介しました。

できるようになったことや達成した成功体験だけでなく、勇気を持てた過去や一歩踏み出せた過去など他の設定（宣言）をしてみるとまた違う気づきが出てきます。

イメージではありますが、集中して取り組んでいただければエフィカシーが上がる感覚が出てくることを実感していただけると思います。

小さな成長が大きな自信に！

日常でエフィカシーを上げるアプローチ

過去の成功体験からエフィカシーを上げる方法をお伝えしましたが、次は日常でできることについてお伝えしていきます。

やること自体は簡単で3つのステップになります。

手順：日常でエフィカシーを上げる

① 小さく決める
② 決めたことをやる
③ できたことを認めて受け入れる

小さなことからスタート

小さく決めるというのは、例えば「よし今からお風呂に入ろう」というレベルからでOKです。

もしお風呂に入ることのハードルが高いのであれば、もっと下げてもいいかもしれません。

「そろそろお風呂に入らないと…」と考えるものの、スマホをいじって気づいたらウトウト。そしてもう寝ないといけない時間になって渋々重たい腰を持ち上げてお風呂に行く。

これを繰り返してしまうと、「やらないといけないことがギリギリにならないとできない自分」というイメージが強化されてしまいます。

そうすると未来に何らかのゴールを掲げても、「ギリギリにならないと動けない自分にできるだろうか？」と不安になってしまうエフィカシーの低い状態になってしまうわけですね。

だからこそ今の自分にとって小さいと感じることから決めていきましょう。

「今からお風呂に入る」と決めて、パッと切り上げてお風呂に行く。そしてできたら「私は決めて動けた」ということを認めて受け入れる。

この手順を繰り返していると「自分は決めたことをやれる人間だ」と無意識に考えるようになります。そうなれば、もし今はまだ何かできないことがあったとしても、「今までのように決めたことを繰り返していけば、きっと未来にはできるようになるだろう」と思えます。

つまり未来の自分はゴールを達成していることを信じるエフィカシーが高い状態になるのです。

はじめはゲームのつもりでもいいと思います。この一連の手順によって経験値を貯めてレベル上げをしているのだと考えてみてください。

小さなことかもしれないけれど実際に、確実にレベルが上がっていきます。

決める力が上がり、行動力が上がり、達成力が上がります。

正にイージーモードでゲームをプレイするように、人生がイージーモードになっていくのです。

もう1つの「自分を信じる」

ブレて振り回されないために

エフィカシーとは、ゴールに対して自分はできると思える感覚のことだと話しました。

そして未来の自分はゴールを達成できると信じている状態が、エフィカシーが高い状態です。

この「自分を信じている」ことを「自信が高い」と表現してきました。

エフィカシーを高めるには未来の自分を信じるだけでなく、現在の自分の中に「決めて信じる」ということを持つのも大切な要素になります。

これがないと「ブレている」という状態になるからです。自分の中で決まっていないから、または信じられていないから、外に正解を求め、外に評価を求め、外に意味を求めてしまう。そして振り回されてしまうのです。

だからこそ自分の中で決めていく。そのために3つの決める指針をお話しします。

決めて信じること1つ目

まず1つ目の決めたいことは「定義」です。自己肯定感の章では、意味は自分の中にしかないと話をしてきました。つまり客観世界には意味としての正解はありません。

そうは言っても、日常生活を送る上ではある程度の意味づけというのは必要になってきます。

そこで「私は○○について、△△と定義する」と決めていくこと。

正しいも間違いもないので「私はそう信じる」と思えるかどうか。ここを決めて信じることができると世界がより鮮明に捉えられ、軽やかに動きやすくなっていきます（第5章も参照）。

決めて信じること2つ目

続いての決めたいことは「マイルール」です。これは1つ目の定義と似ているのですが、もう少し行動におけるスタンスを決めるというイメージになります。

「私は○○のときは△△をする」など、自分の中にルールを決めること。

ここが決まっていると、そのマイルールを信じて動けばいいという余裕が生まれます。

外の誰かが決めた外のルールに従うだけだと、自分の自信（自分を信じる感覚）がどんどん枯れてしまいます。

だからこそ自分で決めたルールを持っておくことが強い自信に繋がるのです。

しかし、他の人が決めたルールに合わせることが大切な場面もあります。

例えば、国が決めた法律というルールや、結婚をして妻のルールのほうに合わせるという場合もあるかもしれません。そのときは「私は法律を遵守する」とか「私は○○については妻に合わせる」というように、あくまでマイルールとして決めることで自身の心の強さを手に入れていけるのです。

心が軽やかに元気になる決めるポイント

決めて信じること3つ目

自信を手に入れるために決めたいポイントとして、次にご紹介したいのは「やる・やらない・保留する」ということについてです。

「いつかやろう」と思いながら、なかなか手をつけられていないこともあるかもしれません。

僕がコーチングをしていると、「いつかやろうと思いながら3年とか5年とか経ってしまいました」なんて話は珍しくありません。

これは「やろうとは思っているけど実際はやれていない」という思い込みを強化してしまうため、エフィカシーが下がる要因となっています。

そこで、やるならやるで「いつやるのか？」を決めていく。やるということを決めて、具体的に動くことを決めていくわけですね。ここも実際に動いて達成することのほうが大切なので小さなハードル（自分の中でクリアできると信じられるライン）で決めていきましょう。

やらないことも決める

一方、やらないと決めることが大切な場面もあります。例えば、5年もやろうと思っていたけどやれていないことは、本当はやらなくても大丈夫なことなのかもしれません。

または周りの人がやっているから自分もやったほうがいいと流されているようなことなど、本心を探っていくと本当はやりたいと思っていないなんてこともあります。

「私はこれを本当にやるのだろうか？」と向き合っていき、やらないならやらないと決めてしまう。ここは少し勇気がいることかもしれませんが、決めてしまえば心がスッキリ、重荷を下ろしたような気持ちになれます。そして大きな余裕ができるので、本当にやるべきことにより集中するエネルギーを使えるなどの大きなメリットとなります。

保留を決めるということも大切

やるかやらないかを決められたらベストではありますが、まだ決められないという場面もあります。情報が足りていないとか、時期が来ないとわからないなどもあるからです。

その場合は保留を決めることも大切です。「今は決めない」と決めるとも言えます。

大切なのはふわっと曖昧にさせておくのではなく、「○○がわかったら決める」「△△のときが来たら決める」など、決めることを決めておくことです。

頭の中は膨大な情報処理で大忙しです。でも今は決めないことが決まると、今考える必要がないと判断します。そうすると頭の中に余裕が出てきて、これはそのまま他へと使えるエネルギーになります。行動力や集中力、または元気が出てくるなどの効果へと繋がります。

１００％の決断は楽

決めるときも体に聞いてみる

決めることでエフィカシーが上がることについて、様々な角度から話をしてきました。

しかし「なかなか決めることが難しい」と感じることもあるかもしれません。

決めるというのは決断とも言いますが、決めることで何かしらの断たれるものがあるからです。

例えばダイエットをすると決めることで甘いものが断たれる（食べられなくなる）かもしれません。でも甘いものを食べたい気持ちが潜在意識にあるから抵抗する反応が出てくるわけですね。

こういう場合もステップ０（第２章）で話をした体に聞いていくアプローチが使えます。

「決めたくないのは自分のために何をしようとしてくれているのかな？」と聞いて、どうしたら決めていくことができるかも体にアイデアを出してもらいましょう。

決めてしまえば圧倒的に楽になる

決めたいと思っているけど決めきれない。この迷いがある状態は苦しいです。

「こっちにしたほうがいいんだろうけど、でも…」「本当にこれに決めていいんだろうか？」「もしかしたらこちらに決めたら失敗するかも…？」

決めることを妨げる様々な心の声が出てくるかもしれません。それらの声にもしっかりと耳を傾けていくことはとても大切なことです。

しかし最終的に決めるときには「エイッ！」と一歩を踏み出す場面が必要なこともあります。ここでいざ決めることができてしまえば、急に楽になります。１００％で決めることができれば迷いの苦しみから解放されて楽になるのです。

99％で決めている状態は「決めるぞ！　決めるぞ！　で、でも…」と一番苦しい。しかし、１００％でやると決めたのなら「やる」以外の選択肢はありません。だから、やること1つだけに向かっていくことができます。エネルギーが集中して、自分でも思いもよらない力を発揮できるようになるのです。

決断は筋トレ

決断力は筋力のようなものです。決めることとは決断筋のトレーニングとも言えます。小さく決めて、達成してということを繰り返すとエフィカシーが上がるだけでなく、決める力もどんどんと上がっていきます。決断力が上がると気持ちの切り替えも早くなり、様々なことに振り回されなくなり、自由度がどんどん増えていきます。

小さく決めることを繰り返す筋トレによって、大きな決断もできるようになっていきます。そしてどんどんと人生が大きく動き出していくのです。

願望が叶わない理由

ゴールと願望は違う

エフィカシーとは『ゴールに対して自分はできると思える感覚のこと』という定義で話をしています。改めて「ゴール」という言葉についても考えてみたいのですが、ゴールとは目的地のことであり、目指す場所になります。

「ここに行けたらいいなぁ」とボンヤリ曖昧に思い描いているのだとしたら、それは目指していないのでゴールとは言えません。これは願望ですね。

願望は自分とは切り離されているような感覚があります。

それに対してゴールは、未来の自分は到達していることを信じているからこそ目指そうと思えるわけで、「現在の自分が変化成長した先にはゴールがある」と自分と繋がっている感覚があります。

人生をよりよいものにしていくためには、ゴールなのか願望なのかは分けて捉えておくことが大切だと僕は考えています。

ゴールが決まったら準備する

沖縄旅行が1か月後に決まっているとしたら「○月△日に沖縄に行く」というゴールが設定され

ているということになります。

未来の自分は沖縄（目的地）に到達するので、そのためにもダイエットをしておこうとか、水着を買っておこうとか、美味しいお店を探しておこうとか準備をしますよね。

エフィカシーが高いとこのような動きになります。

あるときのことです。

僕がコーチングをしていて理想の未来を聞くと「キャンピングカーを手に入れる」と答えが返ってきたことがあります。そこで「どんなキャンピングカーですか？」と質問すると、その方はパッと答えられませんでした。

近い将来じゃないにしても、いつか未来に手に入ると確定していたらどうでしょうか？

キャンピングカーはどんな種類があるのか、年間の維持費はどれくらいかかるのか、今からでも調べるなどできることはありそうです。

そんな話をしたら「なんとなくでしか考えていませんでした」と願望であり、ゴールではなかったと気づいたそうです。

その後「キャンピングカーを調べたら中古は思った以上に安く、自分でも手に入れられそうでエフィカシー上がりました！」とのご報告をいただきました。起業をするモチベーションが維持出来るようになったそうで、今は空き時間にキャンピングカーのサイト巡りをすることでエネルギーをチャージしているとのことです。

エフィカシーを意識した目標設定

2つのゴール設定

ゴールを考えるときは2つのゴールを分けて考えることがおすすめです。

1つ目が気持ちを上げるゴールです。このゴールは、少し遠い未来に「叶ったら最高だ」という未来を思い描いていきます。

何が欲しいか、何をしてみたいか、どんな環境にいたいか、どんな人間関係を手に入れたいか、何ができるようになっていたいか、どんな自分になっていたいか…

時間やお金、能力などの制限を考えずに出してみましょう。

そしてそれを手に入れている姿を、五感をフルに使ってイメージしていきます。手に入れている未来の自分は何を見て、何を聞いて、何を感じているでしょうか？　どんな独り言を呟いて、どんな気持ちになっているでしょうか？

ここでポジティブに感情が動いた（気持ちが上がった）としたら、それは行動するためのエネルギーになります。

少し願望寄りに考えてしまいがちなので、いつかは手に入れるゴールなのだと捉えることを忘れずに考えてみてください。

集中力を上げるゴール

２つ目は集中力を上げるゴールです。こちらはもっと具体的に目指す地点を設定します。いつまでに何がどうなっている状態が「ゴール達成」と言えるか、ゴールに到達したかどうかが明確にわかる表現をしていきましょう。例えば「元気になる」だと、どうなったら元気になったかがわかりにくいので、その場合は数値化をするのもおすすめです。

元気マックスが10点満点だと考えると現状が何点で、いつまでに何点を目指すかと考える。

そしていつまでというのも「年内に」とか「夏までに」という表現では到達地点がわかりにくいので「○月△日までに」と締切日をつくることがおすすめです。

まずは３か月先くらいまでのスパンで設定してみてください。このときに甘く見積もって色々と達成できている イメージを描く人が多いですが、シビアに設定しましょう。３か月というのは意外と短い割に、予想外のことも多く入ってくるからです(達成できないとエフィカシーも下がります)。

「3か月先の○月△日までにこうなる」とゴールを決めたら逆算して考えていきます。

ゴールのためには2ヶ月後の●月▲日にはここまで進めたい。そのためには1か月後の■月★日までにはこうなりたい。すると今週中にはここまでは終わらせている必要がある。

このようにゴール達成までの道のりをプロジェクトとして描いていきましょう。３か月先、２か月先、１か月先、今週…と近いゴール（目指すこと）が明確になると集中力が上がります。優先度は何が高いのか、今は何をやるべきなのかがクリアに見えているからです。

元気を取り戻す頭の棚卸

頭の中の棚卸で元気が戻ってくる

僕が過去に自己肯定感が低かったときは、周りの人からよく「覇気がない」と言われていました。自分自身も元気がないと感じていたし、ドンヨリした雰囲気をまとっていたように思います。これは体質によるものだと思い込んでいたのですが、違いました。そこに気づいたのが頭の中にあることを棚卸するという作業によってでした。

頭の中には常に様々な考え事がぐるぐると働いています。この頭の中にある考えをとにかく書き出していくのが棚卸です。

この作業をやってみるとわかるのですが「こんなにたくさんのことを考えていたのか⁉」と驚きます。そして書き出して頭の中が整理されることで、体全体に元気が戻ってくる体感が出てきたのです。ぜひこれはあなたにも体感していただきたいと思います。

手順：頭の中の棚卸

なるべく大きな紙と付箋を用意します。

その紙を全部埋めるつもりで、そして頭の中にあるものを全部出すつもりで、頭の中にあることを付箋に書いては貼り付けていく作業を繰り返します。

書き出す項目案としては「やらなきゃいけないこと」「やりたいこと」「気になっていること」「考えていること」「今の感情」などです。

書き出したら、「やる」「やらない」「保留する」の３つをそれぞれ決めていきましょう。

棚卸と考える時間は分ける

この棚卸作業は「なぜか？」「どうしたらいいか？」などの追求するのは別の時間にして、とにかく頭の中を出すことが目的になります。

気になっていることを考え出すとキリがないので、考えたほうがいいことは「○日の△時に考える」と決めましょう。そして「今は考えなくていい」と脳に伝えていくわけですね。

頭の中にあった、たくさんの項目を書き出したら、それぞれ「やる・やらない・保留する」を決めて、「いつ、どの優先順位で？」ということも決めましょう（次ページも参照）。

ここまでの作業をすることによって「今意識を向けることはこれ」と１つに絞られます。

このときに、今までいかに分散していたか気づくかもしれません。

分散していたエネルギーが１つに集中すると、「こんなに集中できるんだ」と驚かれるかもしれません。行動力も作業効率も圧倒的に上がりますし、寝る前にやると考え過ぎな人は特によく眠れるようになります。

大切なことに手を付けることの大切さ

意識を向けるのは2つまで

コーチングのセッションをしていて「やることがいっぱいで忙しいんです」と悩まれている場面は少なくありません。

そこで頭の整理を手伝った際に、書き出してみると「あれ？　いっぱいあると思っていたけど実際には追われているのは3つだけでした」と気づかれることもあります。

もちろん実際にやる数が何個もあって本当に忙しそうな方もいますが、それでも今集中すべきことは2つ程度までであり、一度にたくさんのことを考えても分散してしまうだけです。

分散すると本来のパフォーマンスを発揮できなくなるだけでなく心にも負担がかかります。

そこで今やるべきこととして優先順位を付けるためにおすすめな考え方もご紹介します。

「大切」に手をつけた分だけ人生が変わる

やりたいことは「急ぎ」と「大切」を点数化していくという考え方になります。

「大切」というのは自分の理想とする未来や、目指すゴール、価値観などとどれだけ繫がっているかの度合いとして考えてみてください。

「自分はこんな未来を手に入れたい。そのためにもこれを勉強しよう」と考えている場合、その未来を遠目にイメージしていると「急ぎ」ではないと感じます。しかし自分にとって「大切」な未来であり、そのための勉強をすることは「大切」なことになります。

つまり「大切」にしたいことに手をつけていっただけ、理想の未来に近づき、自分にとってより充実した人生を手に入れていくことができるのです。

基本的には「急ぎ」ではないけど「大切」なことは、今すぐやらないと何か問題が起きるわけではありません。

そうなると「大切なこと」なのに、つい先延ばしになったり後回しになったりする。これが多くの人の人生がなかなか変わっていかないという大きな原因の1つになっています。

「急ぎ」のことだけをやっていると、1つの「急ぎ」が終わってもまた次の「急ぎ」がやってきます。だからこそあらかじめ「大切なこと」の時間を確保しておく。

そしてその予定をしっかりと「大切」にする。この行為は未来の自分を「大切」にしているとも言えます。

自分にとって本来「大切にしたかったこと」をしっかりと「大切にする」。

これは充実感に繋がります。そして「大切なこと」に取り掛かっただけエフィカシーを高めることにも繋がっていきます。

そのためにも次のページを参考に優先順位表として書き出してみてください。

心が納得する優先順位の決め方

手順：優先順位の決め方

① 図表6のように線を引き、まずはやること（タスク）を書き出していきます。

② そのやることはどれくらいの時間がかかるのか、分数を書き出してみてください。

あまり長くかかりそうなものは工程を分解して、やることの項目に書き出すことがおすすめです。

例：やることを「引越し」と書いている場合、やることが多いので「物件を決める」「引越し屋を決める」「粗大ゴミを捨てる」などの項目に分けて書き出す。

③ やることについて「急ぎ」の度合いと「大切」の度合いを点数化していきます。

それぞれ10点満点だとして何点の度合いかを考え

〔図表6　優先順位の決め方〕

やること（タスク）	分数	急ぎ	重要	合計	優先順位
メール返信	30	7	7	14	2
買い物	60	6	6	12	4
勉強	60	3	10	13	3
部屋の片付け	120	2	9	11	5
資料作成	180	10	6	16	1

て書き込んでみてください。

④「急ぎ」と「大切」の合計点数が高いものから優先順位が高いことになります。

しかし実際はかかる分数とスケジュールの空きなどの都合もあるので、優先順位の高いものからスケジュールを調整していきます。

未来の自由のために今決めておく

こうして優先順位を決めておくことで、優先順位が1位のものが終わったら2位のもの、そして次は…と、「今は何に意識を向けるのか」という集中すべきことが明確になります。

実際にやっていただくとわかるのですが、こうして整理された状態はとても楽です。

「何も予定を決めずに好きなときに好きなようにやりたい」というのは自由なように聞こえますが、ゴールとして理想の未来を目指そうと思った場合、現在の自分にとっては負荷と感じることに手をつけていくことが「やること」であり「大切なこと」になるでしょう。

好きなようにやろうとすると、潜在意識は簡単なことや、今までやってきてよく見知っていることなどに手をつけようとします。それでは現在が変わっていきません。

つまり過去からの延長線上から抜け出せないという不自由さに縛られてしまうのです。

あらかじめ「どの順番で、何をするか」そして「いつやるのか」を決めておくことで人生を意図するものへと動かしていきましょう。

無意識の内に自信が溢れる自分になれる

認めて受け入れてフラットにして再選択（決める）

過去の僕は「自分は無力だ」と信じていました。しかしそれはフラットにすると「できないこともあるけど、できることもある」です。

まずは事実を認めていくことが大切なので、ステップ1が自己肯定感、そしてステップ2としてエフィカシーの話をしてきました。

エフィカシーが下がると、ゴール達成力や行動力などまで下がる。つまり人生全体がハードモードになっていきます。

人生をイージーモードに設定するには、まずは認めて受け入れる。そしてフラットに捉え直していくこと。そして次に再選択。つまり自分がどうするかを「決める」ことをするわけですね。

小さく決めたことを実践して、できた自分を認めて受け入れる。この繰り返しでエフィカシーが高まっていきます。

繰り返すことで心が新しい仕組みとして稼働し始めます。

そして定着したときには無意識が変わっています。未来には無意識の内に自信のある思考・選択・行動を取っている自分に気づいていただけるでしょう！

第5章：ステップ3／マインドが現実化する

感情・思考の土台となるマインド

意味づけをつくり出すもの

あなたは「失敗が怖い」と感じることはありませんか？
以前の僕は、失敗は怖いものだと思っていたし、失敗は恥ずかしいものとか、ダメなことだとも思い込んでいました。それに対して、今の僕は失敗が怖いと感じることはほとんどないどころか、むしろ喜んで受け入れる場面もあります。
同じ「失敗」という出来事に対しても全く意味づけが変わったのですね。
この意味づけをつくり出す土台となるもののことを本書では「マインド」と呼んでいきます。
定義をすると「マインドとは、感情・思考をつくり出す公式のこと」。
公式というのは大きく分けて
「A＝B」（AはBである）
「A→B」（AをしたらBになる、AだからBである）
この2つです。
潜在意識の中にこの公式が無数に入っていて、その公式を元に何かを感じたり、何かを考えたりということをしています。

エジソンの公式

例えば、失敗は怖いと考える人は潜在意識の中に「失敗＝怖い」という公式を持っています。

かの有名な発明王トーマス・エジソンは様々な名言を残しています。

「私は、決して失望などしない。どんな失敗も、新たな一歩となるからだ」

この場合は「失敗＝新たな一歩」という公式を元に考えていることがわかります。

他の名言も見てみましょう。

「私は失敗したことがない。ただ一万通りのうまく行かない方法を見つけただけだ」

これも有名な言葉ですね。「失敗＝上手くいかない方法の発見」という感じでしょうか。

「失敗すればするほど、我々は成功に近づいている」

この場合は「失敗→成功に近づく」という公式を元に発言されていると考えられます。

一方、過去の僕は「失敗したら恥ずかしい」（失敗→恥）という公式を持っていたので、思った通りに上手くいかなかったときに「うわぁ恥ずかしい」と感じて気分が落ち込んでいました。

そんなところから意図的に「失敗するほど成功に近づく」という公式を取り入れたことによって、失敗をしても恥ずかしくなったり、落ち込んだりすることはほぼなくなりました。

そして「こうすると上手くいかないのか。じゃあどうしたらいいだろう？」と考えるようにもなりました。公式が変わったことで感じ方も考え方も変わったのです。

マインドが変わると大袈裟ではなく世界が変わって見えてきます。

マインドが現実化する

結果が生み出されるまでの流れ

過去の経験を元に心の中にマインド（公式）がつくられます。

そのマインドを元に感情や思考をつくり出します。

そして感情、思考を元に選択や行動をします。

選択、行動を元に結果がつくられていきます。

結果の積み重ねが現実であり、人生です。

つまりは、マインドを変えることで人生が変わっていくのです（図表7）。

経験がマインドをつくる

例えば、小さい頃に犬に噛まれた経験があるとします。そしてまだ体が小さかった当時の自分から見たら犬は大きく見えて、その体験がとても怖いものだったとします。

そこで「犬＝噛む」「噛む→怖い（噛むから怖い）」という公式がつくられるのです。

大人になって体が大きくなって、この犬は噛まないと言われても潜在意識の奥に入り込んでいる公式が犬は噛むし怖いものだと設定されていれば噛みそうだし怖いと考えてしまいます。

頭（顕在意識）で言い聞かせても怖いものは怖いと感じてしまうのです。

だから犬とは関わらないようにするという選択をして、その結果として犬とは縁のない人生になっていきます。

もしかしたらお付き合いをしていたパートナーが犬を飼っているという理由で別れるという結果になることもあるかもしれません。

このようにマインドが影響を及ぼしていることを考えると、人生を好転させるにはマインドを変えていくことが効果的であることがわかってきます。

しかもマインドが変わることはハイスピードで、かなり大きなインパクトを与えます。

〔図表７　ＭＩＮＤ〕

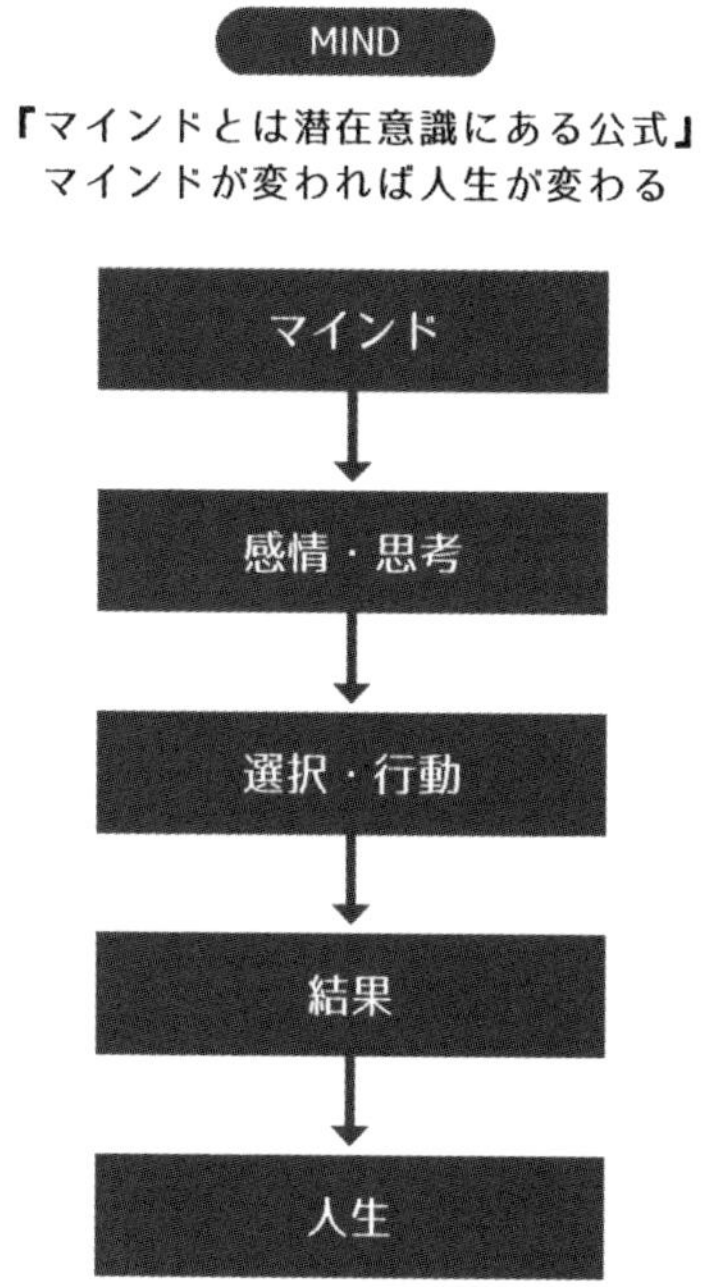

学習して自分を苦しめるという構図

マインドの上書き

小さい頃に犬に噛まれた経験としては1回かもしれません。

でもその体験が強烈だったために「犬＝噛む」「犬↓怖い」という公式をつくったのだとしたら、これは一般化をしていることになります。

「（すべての）犬は噛むし怖い」と信じ込んでいる状態になっているからです。

それでは、フラットにするとどうでしょうか？

「噛む犬もいるし噛まない犬もいる」これが事実寄りな捉え方ではないでしょうか。

また「噛む↓怖い」は、「犬は噛む。だから怖い」という因果関係になっています。

このマインドが出来上がった裏には、噛まれて血が出て怪我をしたという体験があるかもしれません。

そうすると「噛まれると怪我をする」という公式までできている可能性があります。

しかし甘噛みも噛むという行為ではありますが、よくよく考えると怪我もしなければ怖いというほどのものではないですよね。

こうしてフラットに見ていくと「噛まない犬もいるし、この小さな犬だったら多少噛まれたところで怪我などしない」と思えるかもしれません。

そして恐る恐るかもしれませんが、犬に触れてみたときに犬が甘えてきて、可愛いという気持ちが芽生えたとします。

この新たな体験が「可愛い犬もいる」という公式の上書きとなっていきます。

必要なマインドも無数にある

今までの章でもお伝えしてきたように、マインド（公式）には正解なんてものはありません。過去の体験や両親からの教え、周りの人やテレビなどから独自につくって、その人なりの意味として機能しています。だからと言って間違っているというわけでもありません。

例えば包丁で手を切った経験を元に「包丁＝気をつけるべきもの」というマインドをつくり、気をつけるようになったとしたら自分の身を守ってくれるものになります。

自分にとって有効に機能しているマインドはそのままで大丈夫。

過去の自分が経験を通して身につけたマインドが現在になっては自分に制限をかけたり、可能性を狭めたり、自分を苦しめていることもあります。

現在何か悩みや問題となっていることの裏にマインドが隠れていることがあります。マインドは無意識的に作動しているだけでなく、盲目的に信じていることもあるので見つけるのが難しいことがあります。しかしそれだけにマインドを変えていくことは効果的なのです。

ハードモードの設定が世界を創造している

そのマインドが自分を下げていた

自己肯定感が低かった僕は自分を下げるマインドをたくさん持っていました。

コミュニケーション力が低く、ネガティブ思考でダメダメ人間。学歴も実績もなく価値を生み出さない人間だと信じていました。

公式として表現し直すと「自分＝コミュニケーション力が低い」「自分＝ネガティブ思考＝ダメ」「学歴も実績もない＝価値が低い」などなど。

他にも挙げればキリがないですが、これらを元に感情を生み出し、考え、選択して行動をするとしたらどうでしょうか？

コミュニケーションに自信がないから人と話すことを極力避けたり、目を見ずに話そうとしたりするようになります。無意識の内にネガティブに考えて、そしてそんな自分をダメな奴だと自己否定する。価値がないと思うから積極的になれずに引きこもりがちになる。

当時の僕はこれらを性格だと思っていました。変えられないものだと。

しかしマインドを変えることで、どんどんと考え方も行動の仕方も変わっていきました。昔から比べると性格が変わったとしか思えないくらいの変化を感じます。

「覇気がない」とか「ロボットみたい」とか「死神」などと言われていたところから今では「雰囲気がある」と言ってもらえるようになり、見た目も大きく変わっていきました。

マインド通りになるように潜在意識は動き出す

大きな捉え方でいうと、僕は「自分の人生＝ハードモード」的なマインドを持っていました。

そのマインドを持っているということは、それを信じているとも言えます。

僕は自分の人生で苦しいことやキツイことを探しては「ほら、やっぱり」と思い込みを強化していました。マインドを正しいとするために証拠集めをしていくのです。

他の人から見たときにはいいと思われるようなことが起きても、ネガティブにリフレーミングをして悪いほうに捉えたり、悪いところを探したりしていたように思います。

客観世界にはハードモードという実体はありません。

あくまで自分の心の中だけで、何かと比較をした上でハードだと意味づけをしていました。

そしてマインドとして潜在意識の中に公式が固定化されることによって、よりハードであることを味わっていたのです。

わかりやすく僕の過去はハードモードだったと本書では書いていますが、実際にはマインドが変わったお陰で今では「僕の過去＝色々あった」くらいにしか思っていません。

むしろ経験として本当によかったと心から感謝できるようにすらなりました。

イージーモードに設定するということ

全く違う思考回路＝マインドの違い

「失敗」という言葉について、もう少し例を出してみたいと思います。

起業した当初の頃、僕はセミナーを自分で主催していました。しかし人が集まらないことも多く、その度に凹んでいました。

その当時は「セミナー参加者が少ない＝失敗」「失敗→恥ずかしい」というマインドがあったからです。

僕は人が集まらない度に嫌な気持ちになり「もうセミナーをやっても仕方がないんじゃないかな」と考え、セミナーを開催することの腰が重たくなり、だんだんと発信もできなくなっていたのです。

そんなあるとき、セミナーに1人しか集まらなかったことをコンサルタントの方に相談すると「1人しか集まらなかったなら、その参加者はラッキーだね！　関係性も濃くなるチャンスだね」

そう言われてびっくりしました。全くそんな発想はなかったからです。

僕が失敗と捉えていたことを、その方は「セミナー参加者が少ない＝濃い関係をつくるチャンス」というマインドを持っていたということになります。

それから僕は「セミナー参加者が少ない＝チャンス」と新しいマインドを上書きできたお陰で、

その後もセミナーを開催していくことができました。

そこからお客さんになってくれる人も増えて、徐々にビジネスで食べていけるようになったので、自分にとって大きなきっかけだったと思います。

マインドが変わると一生モノ

もし「セミナー参加者が少ない＝失敗」というマインドが変わっていなければ、セミナーをやらなくなり、お客さんと出会う場面が減り、ついにはビジネスをも断念していたかもしれません。

今では1人しかセミナーに来ないということはなくなりましたが、もし何か全く新しいことを始めたとして、そのセミナーを開いたら1人だけの参加者ということもあるかもしれません。

でも、もう何年も前に上書きした「セミナー参加者が少ない＝濃い関係をつくるチャンス」というマインドは今も健在です。

一から何か全く新しい事業を始めたとしてもセミナー参加者が集められないことを気にする人に比べると、僕は軽やかに動くことができる分、早く結果を出せるでしょう。

このように上手くいく人は上手くいくマインドを持っています。

人生をイージーモードに生きられる人はイージーモードになるべくしてなるようなマインドを数多く持っているのです。

では上手くいっているあの人はどんなマインドを持っているのでしょうか？

成功者の考え方をインストール

上書きするマインドを見つける質問

上手くいく人は上手くいくマインドを持っています。

そのマインドを自分に上書きすることが結果を変えることに繋がるわけですが、どのようにして上書きするマインドを探すとよいのでしょうか。

まずは自分にとっての理想、ゴールを既に叶えている人を見つけましょう。学びたい人や憧れている人、参考にしたい人という視点でもOKです。その人を見つけたら
「この人はどんなマインドでこの発言（行動）をしているのだろうか？」

という意識で観察をしてみてください。

本などはわかりやすいですね。著者のたくさんのマインドを見つけることができます。

本から見つける新マインド

例えば、有名な著書で、ロバートキヨサキさんの「金持ち父さん貧乏父さん」という本があります。

この本の中で「持ち家は負債に分類される」と書かれています。

ここでわかることは著者のロバートキヨサキさんは、マインドとして「持ち家＝負債」という公

式を持っていそうだと推測ができるわけです。

更にこの本では「資産＝わたしのポケットにお金をいれてくれるもの／負債＝わたしのポケットからお金をとっていくもの」といったマインドという視点からみた学びがあります。

それに対して自分はどうだろうかと考えてみてください。

例えば、今までは「持ち家＝一人前」「資産＝所有しているもの」という公式だったとします。

そんなマインドがあれば、長年のローンを組んで頑張って家を建てるといった行動をとるかもしれませんね。

どちらのマインドが正しい・間違いでもなければ、いい・悪いでもありません。もちろん、優れている・劣っているもありません。大切なことはマインドによって無意識的に感情や思考、行動が変わっているということです。

結果を変えるためにマインドを変えるという視点

自分と成功者のマインドの違いがあるならば、それが結果の違いを生んでいる1つの要因だと気づくことができます。マインドは頭で理解するだけでなく、潜在意識にある公式をしっかりと上書きしていく必要があります。上書きさえされれば、結果へと一気に動き出します。

このように1つの本やセミナー、または先生やメンターからは数多くのマインドを見つけて取り入れていくことができるのです。

人生が好転するマインドセット手順①・②

マインドを上書きするのが「マインドセット」

今まであったマインドを新しいマインドに上書きすることを「マインドセット」と呼びます。

基本的にはネガティブだったり、思わしくない結果を生み出していたりするマインドＡ＝Ｂを、ポジティブだったり、思うような結果を生み出すマインドＡ＝Ｃに書き換える行為です。

マインドセットをする際に、元々Ａ＝Ｂがない（概念がない）パターンも考えられます。

例えば、世界ナンバーワンコーチと言われるアンソニーロビンズさんは「明確さはパワーだ」と言っています。

これは「明確にする＝パワー」というマインドを持っていると言えます。

この場合に、元々「明確にする＝?」と特に何も考えたこともなかったということもあります。

なので、このような場合には手順④から入っていただけたらと思います。

①：「Ａ＝Ｂ」を見つけ、明確な言葉にする

今持っているマインドを明確な言葉として表現していきます。

ゴールを描き、そのゴールの行手を阻む問題があるとしたら、その問題がどのようなマインドか

ら生まれているか考えてみましょう。もしくは現在抱えている悩みから考えることもできます。

悩みや問題は、これまでに何を考えたり感じたり、何を選択したり行動した結果でしょうか？「そう考えるということは、自分はこんなA＝Bがあるのかもしれない」「その行動を取ったということは、自分はこんなA→Bを持っているのかもしれない」という風に、公式の形として表現してみてください。

また前の項で書いたように本を読んだり何かを学んだりしたときに、新しいマインドに出会ったらそれと比較して今までの自分のマインドは何だったのかを考えて言葉にしてみてください。

②：「A＝B」を「A≒B」「A≠B」にする

今までは無意識の内に信じていたのが「A＝B」です。それを疑うことが手順②です。当たり前と思っていることも「本当に、本当にそうなのか？」と疑いを入れてフラットに捉え直しをしていきましょう。

「失敗＝笑われる」と信じていたことをフラットにすると「笑う人もいるかもしれないし、笑わない人もいる」という表現になったとします。これが「A≒B」です。

「失敗＝ダメ」と考えていたけど「あの失敗があってこの成功があった。だからダメじゃない」と考えたとします。これは「A≠B」になった状態です。

「A≒B」「A≠B」にすることで新しいマインドをセットする余地ができるのです。

人生が好転するマインドセット手順③・④・⑤

③：今までの「A＝B」で得られていたことは何か？

今までのマインド「A＝B」を信じることで何かしらのメリットがあったから、今までそれを採用していたということもあります。

「失敗＝ダメ」というマインドがあればチャレンジをしなくなり、失敗を避けることができます。

「失敗↓落ち込む」というマインドがあったことで、落ち込むことで誰かに気にかけてもらえるというメリットがあったかもしれません。

マインドが変わることで、今まで得られていたことがなくなる可能性はしっかり意識しましょう。

「失敗↓落ち込む」だったマインドが「失敗≠落ち込む」となれば落ち込むことがなくなる分、気にかけてもらう機会がなくなるかもしれません。でも落ち込まないほうがいいと思えるならＯＫ。

どうしても気にかけてもらいたいのであれば、他の方法で補うことを考える必要があります。

④：新しいマインド「A＝C」を考える

どのようなマインドが自分の理想未来にとって効果的に働くかを考えてみましょう。

今までの「A＝B」に対してまるっきり正反対のものを持ってくるのは難しいです。

例えば「失敗＝ダメ」と信じ込んでいたところに「失敗＝最高の経験」と入れ込もうとしても、なかなか信じられないと思います。

「失敗＝成功のための経験」くらいであれば新たに信じやすそうじゃないですか？

本や先生などから「Ａ＝Ｃ」を借りてくるときも、そのままの表現でなく自分の潜在意識が受け入れやすい形（信じられる形）にするほうが効果的です。

⑤：新しいマインド「Ａ＝Ｃ」を定着させる

今までと違う「Ａ＝Ｃ」というマインドが前提となったとしたら、どんな風に感じたり考えたりして、どんな風に選択したり行動したりするでしょうか？

新しいマインドを定着（セット）させるためにはイメージを繰り返すことが重要です。

イメージをすることで新しい回路が使われるからです。「Ａ＝Ｃ」という新しいマインドが効果的に働いている場面を、五感を使ってイメージしてみてください。

イメージを繰り返したら次はリアルな場での定着を狙っていきます。

今までの「Ａ＝Ｂ」というマインドによって感情が動いたり、思考したり、行動していた場面で、「Ａ＝Ｃ」という新しいマインドを意識していきましょう。

そして「やっぱりＡ＝Ｃだった」とリアルな現場で体感をしながら再確認する。臨場感があるので潜在意識に強くセットされていきます。

人生が変わったマインドセット事例（前半）

マインドセットの事例

実際に僕が変わったマインドセットについて、5つの手順に合わせてご紹介します。

手順①：「A＝B」を明確な言葉にする

以前の僕は人の目を気にしていました。そんなに気にしなくてもいいのにと頭では思うものの、なかなか手放せません。そして人付き合いに苦しさを感じていました。

心の勉強を始めた当時の僕は、なぜそんなに人の目を気にするという行動をするのだろうと考えてみました。

そこで出てきたのが「人が離れていく＝嫌なこと」というマインドでした。

小学生だった僕が両親と離れて暮らすことになったとき、すごく嫌な思いをしました。両親としてはよかれと思ってのことでしたが、第1章で書いたように施設の実情は酷いものでした。

そのときの経験で、それまではとても身近だった両親という存在と離れたことから「人が離れること＝嫌なこと」と公式をつくったのではないかと考えました。

自分にとって強い体験だったので、もう繰り返さないようにと歪んだ学びをしたようです。

手順②：「A＝B」を「A≒B」「A≠B」にする

人が離れることは嫌なことだというマインドがあることがわかった僕は、（すべての）人という一般化をしていることに気づきました。

たまたま入ったお店の店員さんだろうと、近くに座っているだけの知らない人だろうと「人」という括りに入るので、離れていくことは嫌なことと思っていたのです。

しかし、よくよく考えると、離れるも何もそもそも関係があったわけではありません。

それなのに変に思われないように気を遣ったり、どう見られているかを異常に気にかけたりしていたわけです。

「二度と会うかどうかわからない人にも変に思われないように極度に気にしていたかも」

そう思えるようになり、更に気づいたこともありました。

「今まで僕が嫌いな人にすら嫌われないようにと考えていた。でも嫌いな人はむしろ離れてもらったほうがいいじゃないか」

そしてフラットな考えができるようになりました。

「離れることで悲しい人もいる。でも離れたほうがいい人もいる。そして、そもそもそんなことを気にする必要がない人もいる」

こうして「A≒B」にすることができました。この時点でだいぶ楽になっている体感があったのを今でも覚えています。

人生が変わったマインドセット事例（後半）

手順③：今までの「A＝B」で得られていたことは何か？

今までは「人が離れていく＝嫌なこと」と信じて、離れないように人の目を気にしていました。顔色を伺うようにして、変に思われないように、嫌われないようにしていました。

だからいい人間関係ができていたかというと、とてもそうとは言えなかったけれど、人間関係が変に拗れることもありませんでした。

人間関係であまり問題が起こらないということは今までのマインドによって得られていたメリットですね。逆にするとマインドを変えると人間関係の問題が起きてしまうかもしれません。

ここについては色々と考えて「もっと自然体の自分でいたい」という価値観を採用することにしました。「自然体の自分でいた結果、変に思うような人と一緒にいなくてもいい」そう考えることにしたのです。

手順④：新しいマインド「A＝C」を考える

新しいマインドとして「(自然体な自分でいたら) 離れていく＝仕方がないこと」という公式にしてみました。

自然体な僕をいいと思ってくれる人もきっといるだろうし、合わないと思う人もいるだろう。合わない人が離れていくのは仕方がないことだし、お互いにそのほうがいいと思えてきました。

手順⑤：新しいマインド「Ａ＝Ｃ」を定着させる

新しいマインドだったとしたらどんな風に考えるだろう、とイメージをしたら今までのように人の目を気にする感覚が薄れている気がします。顔色を伺わずに自分の言いたいことを言えるようになり、お誘いを断っている自分のイメージが出てきました。そのイメージを何度か繰り返します。

その後日にリアルな場で実際に行きたくないお誘いの場面がやってきました。僕はドキドキしながら断りましたが、特に何も起こりません。

「意外と呆気ないものだな」と思えると、次のお断りがそんなに抵抗がなくなりました。

そんなことを何回か繰り返しているとお誘い自体がなくなり

「（自然体な自分でいたら）離れていったのかな。でも仕方がないことだし、むしろ心地がいい」と自分を誇らしく思えるようになりました。

こうして定着さえしてしまえば、無意識で機能していくようになります。

今では何故あんなに人の目を気にしていたのだろうと不思議なくらいです。

結果的に僕は自然体でいられる人たちとの関わりが増えて、穏やかでとても楽な人間関係を築けています。こうして人間関係におけるイージーモード設定を取り入れていったのです。

お金がかからない手間もかからない幸せ

散歩で幸せ気分

マインドセットとして1つおすすめなのが、幸せのハードルを下げるという考え方です。

例えば、僕は「太陽を浴びて散歩＝幸せ」というマインドが入っています。

散歩をしていたあるときに「太陽が気持ちいいな」と感じて、ふと思ったのです。「これをマインドセットできたらいいかもしれない」と。

そこで毎回散歩をする度に「太陽が気持ちよくて幸せだなぁ」と心の中で意識的に呟くようにしていました。それを何回か繰り返していたら「太陽を浴びて散歩＝幸せ」というマインドがつくられたのです。

一度つくられると散歩をしながら太陽を感じるだけで「幸せだなぁ」と無意識の内に感じられるようになります。

お金もかからず手軽にできるけど、幸せを感じられるマインドを手に入れることができました。

執着すると不幸せ

空（くう）のところでも話をしましたが「大金があったら幸せ」とか「結婚したら幸せ」という

のは実体のない概念です。

これをマインドにすると「大金→幸せ」「結婚→幸せ」という因果関係の公式ということですね。

このマインドを不変のものとして、執着すると苦しみが生まれます。

先ほどの僕の例で言うと「最近雨続きで散歩ができない＝不幸せだ」と考えている状態。「晴れている散歩」に執着して苦しみを生むことになっているわけですね。

マインドセットは潜在意識が信じられるかどうかが鍵になってきます。しかしそれが不変であると捉えてしまうと、本質とずれてしまうのでその点だけ注意が必要になります。

すべては移り変わっているので、大金があったら幸せなときもあるかもしれないし、そうでないときもあるかもしれない。大金がなくても幸せを感じるかもしれないし、感じにくいこともあるかもしれない。

このフラットな感覚を元に、幸せマインドセットをしていただくといいのかなと思います。

幸せマインドセットのアイデア

幸せのハードルを下げるということで「朝コーヒーの香りを嗅げば幸せ」「妻の手料理を食べられて幸せ」「寒い日に温かいお風呂に入ると幸せ」「仕事終わりに伸びをする時間が幸せ」……

あなたはどんなマインドセットアイデアが浮かびましたか？

ぜひ日常の中に大量の小さな幸せを取り入れてみてくださいね！

一生が激変するスキル

無意識の内に変わるイージーモードなマインドセット

自己肯定感が低い人は自分を下げるようなマインドを持っています。

「自分＝ダメ人間」「自分＝価値がない」「自分＝無能」……

逆にこのようなマインドがあったらどうでしょうか？

「自分＝素晴らしい」「自分＝価値がある」「自分＝可能性がある」……

前向きに考えられて、何かしらのチャレンジをしてみたり、人と積極的に関わったり、イキイキしているようなイメージができるかもしれません。

このように、イージーモードな人生を生きられる人は、イージーになるマインドを持っています。

そしてマインドセットさえされれば無意識に作動します。

「いいほうに考えよう」なんて思わなくても、無意識の内に勝手にそのように考えて、気づいたら　それに基づいた選択や行動を取るようになるのです。

マインドは無意識の内に動いているものなので、始めは難しく感じるかもしれません。

しかしその分、マインドセットできたときには本当に大きなインパクトがあるので、ぜひ練習をしてみてください。一生が変わるスキルと考えたらトライする価値があると思いませんか？

第6章：ステップ4／価値観の徹底理解

価値とはプラスに感じるエネルギー

自分を深く知ることができる価値観とは

この章では価値観という言葉について掘り下げていきます。

価値観について深く理解しておくことで自分のことがよくわかるようになりますし、自分をよりよく変えていくことができます。

そして自分だけでなく人との関係性についてもよりよいものにしてくれます。

そこで価値観というものを理解するためにも本書なりの定義として
「価値観とは価値の優先順位」

「価値とはプラスに感じるエネルギー」

このように捉えて話を進めていきます。

価値はプラスな感じがするもの

まずは価値観を知るためにも「価値」という言葉について見ていきましょう。

プラスのエネルギーという定義にしたのは「これには価値がある」といった表現をされるときに、プラスに感じるという共通があるからです。

例えばプラスというのは、大切・好き・よい・必要・正義・正しい…などです。

「○○を大切にしている」人は「○○に価値を感じている」ということ。

「△△は必要だ」と言う人は「△△に価値があるから必要だと思っている」ことになります。

ダイヤには本当に価値があるのか？

金額の高いもの、時間がかかるもの、労力がかかるもの、人の興味関心が集まるものは価値が高いと感じられる傾向にあります。

例えば、ダイヤというとまるで「価値があるもの」と捉えられがちですが、この価値も不変のものではありません。

人によっては希少性ということにプラスのエネルギーを感じているのかもしれません。ダイヤに希少性の価値だけを感じる人にとっては、もし河川敷にゴロゴロとダイヤが転がっていたら価値が下がる（と感じる）でしょう。

またある人はキラキラしていて綺麗というプラスを感じているかもしれません。

何にプラスを感じるかは人それぞれであり、あくまで「ダイヤは価値があると感じる人が多い」というのがフラットな捉え方になります。

客観世界には「ダイヤには価値がある」という意味は存在しません。人それぞれの中にプラスに感じる意味を見出しているわけですね。この価値の感じ方の違いが価値観の違いとなります。

コロコロ変わるのが価値観というもの

外食から見る価値観

外食をする場合、何故わざわざ外に行き、何故わざわざお金を払って食事をするのでしょうか？それはそこに価値があると感じるからです。プラスの何かを感じているのです。

A男さんは「早く食べられるから」という理由で外食に行きます。A男さんはすぐに出てきてパッと食べられることに価値を感じて、その価値が得られることにお金を支払っています。

またB子さんは「あの店はゆっくりできるから」という理由で外食に行くかもしれません。B子さんはゆっくりできる価値にお金を支払っていることになります。

価値というものは1つの物や出来事の中に複数あり（感じ）ます。

「早く食べられる」ことに価値を感じているA男さんは、「いっぱい食べたい」ということに価値を感じるかもしれません。「家から近い」ということも価値に感じるかもしれません。

様々なプラスに感じる要素を元に「あの店が好き」というように店そのものに価値（プラス）を感じ、時間やお金を使う対象となるわけです。

A男さんは「早くて安くていっぱい食べられる」をウリにしたお店がオープンした噂を聞きました。でもA男さんは「家から遠い」という理由で行かないという選択をしました。

これはA男さんにとって「家から近い」という価値を優先したということです。

このように「何に価値を感じて、どう優先するかがその人の価値観」ということになります。

A男さんは家から遠いから行かないと選択していたお店ですが、とてもタイプな店員さんが働いていることを知りました。そしたら遠くても足繁く通うようになったとします。

これは「タイプの店員さんに会う」というプラスに感じるものが「家から遠い」よりも優先されたことになります。A男さんにとってそういう価値観があるということですね。

価値観はどんどん変わる

価値観はタイミングやシチュエーションによっても大きく変わります。

いつもは「早くいっぱい食べる」ことに価値を感じるA男さんも、好きな女性とのデートの場合は「ゆっくりオシャレ」という価値を優先するかもしれません。

大食いのA男さんも風邪をひいたときは流石に「少量で栄養価の高い」ものを選ぶかもしれません。このように同じ「外食」という価値だったとしても、デートのときの価値、風邪をひいているときの価値は変わります。

こうして考えていくと無限のように感じられる価値なのですが、潜在意識の中で優先順位が決まっていて無意識の内に選択されています。

この優先順位の付け方が人それぞれであり、価値観は人それぞれ違うということになります。

価値観を元に現実創造

価値がないものはない

全く価値がないというものは存在しません。誰か（何か）にとってはプラスと感じられる側面はあるものだからです。

大袈裟に考えてみるとして、例えばオナラには価値があるのでしょうか。一瞬だし臭いし、どちらかと言うと嫌われる部類に入りそうです。

しかしオナラをすることで笑いになったとします。笑いはプラスに感じられますよね。笑いを取りたい人にとっては価値がある行為ということになります。

またオナラが臭い場合には悪玉菌が増えているバロメーターにもなるそうです。臭いオナラが健康になるきっかけになったのだとしたら、やはり価値があったと言えます。

そんなことにも価値があった

価値があるからお金を支払ったり、時間を使ったり、労力をかけたりします。

例えば「今日は家に帰って勉強をしよう」と思っていたのに、帰って気づいたらスマホで動画を見て3時間。「なんて価値のない時間を過ごしてしまったんだ」と自己嫌悪に陥ったとします。

この場合は価値がないのではなく、頭（顕在意識）で考える価値「勉強」よりも、潜在意識で感じる価値「動画を見る」が優先されたということになります。

そして動画を見るという行為には「何も考えなくていい」「面白い」「共感」「発見」などの価値を感じていたかもしれません。

ここでも潜在意識が顕在意識よりも、圧倒的に強い影響力を持ちます。

潜在意識が価値と感じていると、その価値を得ようと思考し行動しようとします。

逆から考えると、今行っている行動は潜在意識が何か価値を感じているからと言えます。

今あなたが本書を読んでいただいているのは何かを知りたい、変化成長したいなどの価値観があるのかもしれませんね。

現代は読書習慣がない人が多いと言われますが、そういう本を読まない人だったとしても「知りたい」「成長したい」とは思っていたりします。

しかしその人たちにとっては本を読むという行為に対して、価値の優先度が低いために、読書という行動は選ばれないのです。

このように、マインドと同じように価値観が感情・思考、選択・行動に影響を与えて、その結果として現実が創造されていきます。

より理想の現実を手に入れたいなら価値観を変えていくことが有効だということになります。

あなたはどんなことに価値（プラス）を感じているでしょうか？

あなたは何を優先している？

マインドと価値観は影響を与え合う

マインドと価値観は相互に影響を与え合います。

犬に噛まれた経験から「犬＝怖い」というマインドを持っている人は、犬を飼うことに価値は見出せない（プラスは感じない）でしょう。

逆に小さなときから犬を飼っている家で育ち、犬といい関係で過ごしていた人は「犬＝大切なパートナー」とか「犬＝癒しの存在」などとマインドを持つかもしれませんね。

大切なパートナーも癒しもプラスであり、その人にとっては価値があるものになります。

何を優先するか？

僕が現在住んでいる家の裏には700メートルほどの山があり、気軽に登山ができます。

初めてその山に登ったときに「登山＝気分がいい」「登山＝いい運動になる」というマインドもつくられて登山が好きになりました。登山に価値を感じたということですね。

まだ1年程度の趣味なのですが、今では4時間くらい時間が空くとパッと登山に出かけることもあります。

以前は４時間くらい時間が空くと昼寝をしたり漫画を読んだりしていました。

今でも「昼寝＝気持ちいい」「漫画＝面白い」というマインドもあるし、そこに価値を感じないわけではありません。しかしダラダラ過ごすとその後の時間も体が重たい感じがすることが多く、意図的に価値の優先度を下げることにしました。

昼寝・漫画より登山を優先するという価値観を採用することにしたのです。

最初は意識することが必要ですが、定着さえしてしまえば、今では４時間ほど時間があると「山登れるかな？」と無意識の内に考え始めたり、行動に移しやすくなったりしています。

より理想を手に入れるために意識的に変えていく

このように価値観が変わると、その価値観に沿って自然と感情・思考、選択・行動が変わります。

そして価値観は今までも変わってきたはずですし、これからも変わっていくものです。

やはり価値観にも正しいも間違いもありません。

自分は何に価値（プラス）を感じているのだろうか？

どのような優先順位をつける価値観なのだろうか？

ここに意識を向けることで様々な自分に気づくことができます。

そして価値観に合わせて現実が変わっていくことを考えると、より理想の現実を手に入れるためには、どのような価値観にしていくことが最適なのかを一緒に考えていきましょう。

価値観の違いがわかれば人間関係も良好に

価値観の違いが行動の違いに

価値観は1人の人間の潜在意識の中に無数にあることを話しました。そしてそれが対相手となると価値観が完全に一緒となることは不可能だということがわかります。

そして人間関係において、特にお互いが優先したい価値観が大きく違った場合に、喧嘩の原因や別れの原因となるわけです。

例えば、結婚生活をしていて妻は綺麗好きだとします。この場合、妻は綺麗であることを優先したい価値観があるということになります。

一方、夫のほうは綺麗であることの優先度は高くありません。

夕ご飯を食べた後に夫は片づけもしないままテレビを見始めます。

妻は「自分の食べた分くらい片づけてよ」と言いながらも動かない夫の分まで片づけをしてはイライラしています。

このとき、夫側も綺麗であることに全く価値を感じていないわけではありません。汚いよりは綺麗なほうがいいとプラスは感じていたりするものです。

しかしご飯を食べた後の時間の使い方において、すぐに片づけるよりはゆっくりテレビを見るという時間の使い方に価値を感じている（それを優先する価値観）ということになります。

価値観に正しいも間違いもないを前提に

こうして客観的に見ると、どちらが正しいも間違いもないことがわかります。

自分はどんな価値観なのか？　相手はどんな価値観なのか？

そして、そこにはどんな差異があるのか？

ここを意識的に見るだけでも相手に対しての印象が変わるかもしれません。

価値観が特に違うと感じる部分において、お互いが何を優先したいと感じているのかを話し合えたとしたらどうでしょうか？

折り合いが見えてくるかもしれませんし、よりお互いが心地よくいられる代替案を見つけることもできるかもしれません。

自分が特に強く価値を感じている部分において、相手は特に価値を感じない場合「何故そうなるの？」と、とても理解ができないような感覚に陥ることがあります。

しかしそれはあくまで自分が強くプラスに感じることについて、相手は特にプラスに感じないという、ただそれだけです。

自分を理解するだけでなく、相手を理解するための手助けとしてもこの価値観という概念はとても役立ちます。そして相手のことを深く理解してあげられる人はとても求められる存在なのです。

恋も仕事も人生にも影響しているもの

無意識の内に付けられている優先順位たち

価値観は階層になっています。

例えば、会社員として働くということには、そこにどんなプラスがあるでしょうか？

給料がもらえる、人間関係がいい、やりがいがある、通いやすい…

様々な「会社員として働く」という価値の側面を切り取ることができます。

これが給料は安く、人間関係も悪く、やりがいもなくて、通勤に何時間もかかるとしたら、その会社で働き続けることを辞めるかもしれません。

自分の中で「これくらいの給料で、この仕事量なら」とか「給料は安いけど、やりがいがあるから」という価値観においてOKのラインをクリアしているからそこで働くことを続けています。

働くという価値だけでもたくさん項目が挙げられますが、その中で出てきたものにも更に細かい価値を挙げていくことができます。

例えば「給料をもらうこと」の価値はどこに感じているでしょうか？

生活費になる、認められた気分になる、好きなことができる、貯金ができる…

そして同じくここで出てきた項目の中にも更に細かく価値を見出していけます。

例えば「生活費になること」は何が価値なのでしょうか？

衣食住がある、生活必需品が買える、安心ができる、ある程度の快適さがある…

このように何に価値を感じるかは階層になっていて、それぞれのシチュエーションにおいて優先順位が無意識でつけられています。

恋愛だって家族だって同じく価値観がある

仕事だけでなく恋愛だって家族だって同じです。

恋愛をしているのだとしたらそこに何か価値があるからしていることになります。

人によっては恋愛によって「刺激」を感じたいのだとします。その人にとっての刺激の価値は「非日常」かもしれない。その人にとっての非日常の価値は「新しいことをすること」かもしれません。新しい刺激を求めている人はマンネリを嫌うかもしれません。新しい出会いを求めてドキドキすることが好きと感じているかもしれませんね。

家族も同じです。家族として機能している以上、何らかの価値があります。

これはたとえ仲が悪かったとしてもです。世間体のためという価値があり、世間体というのは会社での評価という価値があり…という価値観があるからこそ仲の悪い家族だけど継続しているということもあるかもしれません。

このように無意識の内に価値観における優先順位が上位のものが今の現実をつくっています。

自分の心の中を整理してみよう

自分を知る練習

自分の価値観を棚卸してみましょう。客観的に把握する練習のつもりでやってみてください。

① あなたは「人生について」何を大切にしていますか？

まずは思いつくままに書き出してみましょう。特にお金や時間、労力などを多く使っているものは価値を感じているものになります。

② 出てきた項目について優先度をつける

大切さの度合いはどんな順番ですか？　1つひとつを比較して「○○と△△だったらどちらが大切か？」と問いかけるとわかりやすく優先順位をつけていくことができます。

③ 優先度の高い価値観について、更にその中にある価値を書き出す

「○○」を優先度が高いと感じているのだとしたら「○○について自分にとってどんな価値があるのだろうか？」「○○にはどんなプラスを感じているのだろうか？」と問いかけてみてください。

〔図表８　ＷＯＲＫ〕

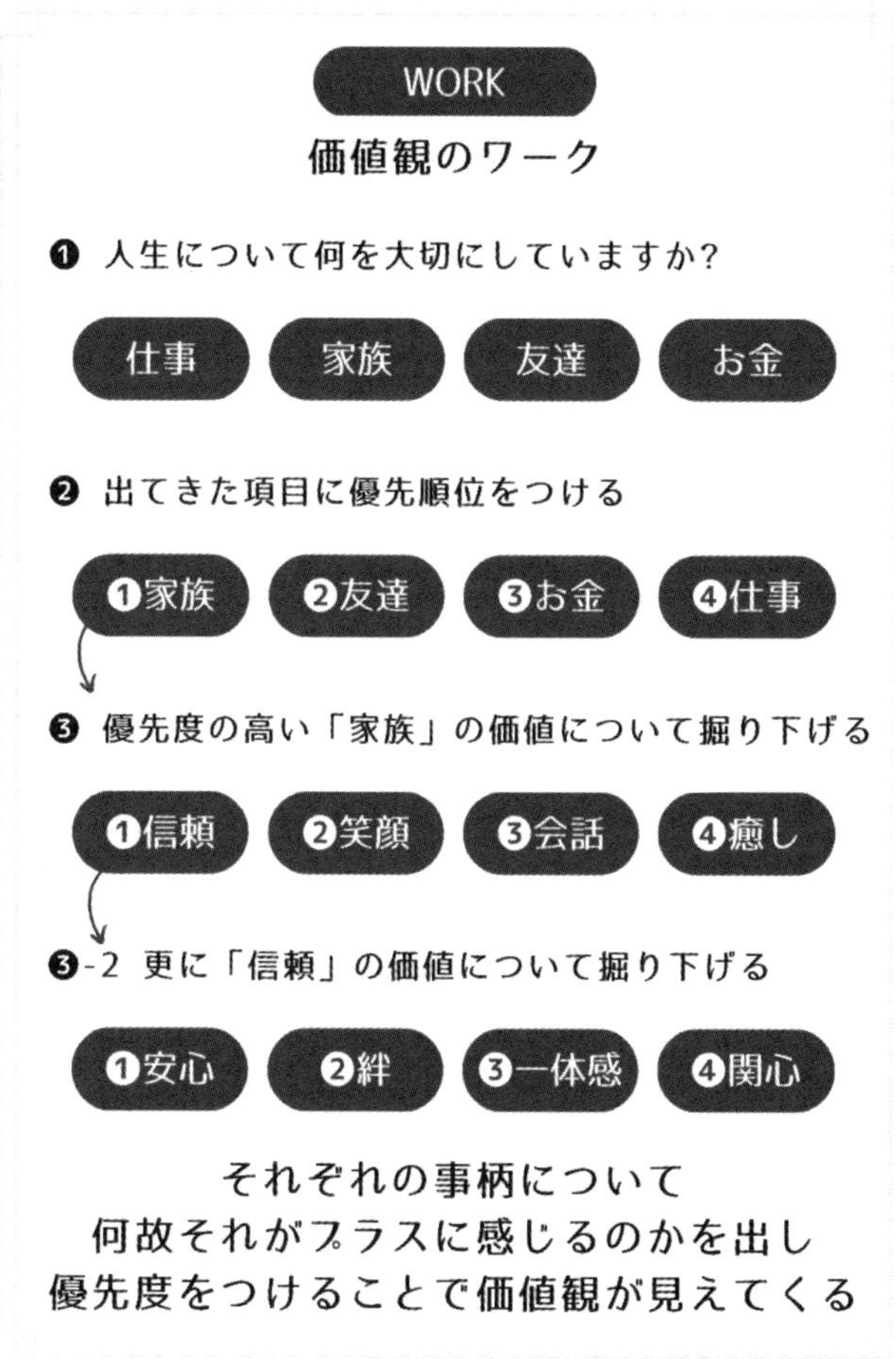
WORK
価値観のワーク
❶ 人生について何を大切にしていますか?
仕事
家族
友達
お金
❷ 出てきた項目に優先順位をつける
❶家族
❷友達
❸お金
❹仕事
❸ 優先度の高い「家族」の価値について掘り下げる
❶信頼
❷笑顔
❸会話
❹癒し
❸-2 更に「信頼」の価値について掘り下げる
❶安心
❷絆
❸一体感
❹関心
それぞれの事柄について
何故それがプラスに感じるのかを出し
優先度をつけることで価値観が見えてくる

成功者の価値観を借りて過ごしてみる

価値観を採用してみる

マインドの第5章では、自分にとって理想な未来を進んでいる人のマインドを参考に自分のマインドの上書きをする話をしました。価値観も同じです。自分にとって参考にしたい方の価値観を採用することによって、その価値観に沿って感情や考え方が変わり、選択・行動が変わって結果が変わり現実が変わっていきます。「何を大切にしているのか?」というのは、マインドよりは見つけ出しにくい場合もありますが、価値観もその人の言動に現れてくるので、その意識で観察をしてみてください。価値観を見つけていくためにはテーマを設定することがおすすめです。

「○○をやるとき、どのような意識でいるのか?」

「△△について、どのような取り組み方をしているのか?」

など、テーマを決めることで見えてくるものがあるからです。もちろん先生がいたり、セミナーに参加したりするなら直接聞くこともできます。

価値観を採用して変化した事例

僕が自分でビジネスを始めたばかりの頃は、なかなか食べていけるようにならずにアルバイトを掛け持ちしていました。

空き時間にブログを書いて発信しようとは思っていたのですが、実際には仕事から疲れて帰ってくると発泡酒を開けてテレビを見て「今日は疲れたから明日にしよう」と言い訳をする毎日。

そんなあるときに成功者のセミナーに参加したのですが、そこで聞いたことが「私は起業をする前にブログを最優先にした。会社でも上司の目を盗んでブログを書き、通勤でもブログのネタを考え、家に帰ってきたらまずブログを書いた」という話でした。

その当時の僕自身もブログを書くことは価値があると思ってはいました。しかしそれは優先度として「やれたらやる」程度。そこまで高い優先度ではなかったのだと気づかされました。

そこで僕はブログを最優先にする価値観を採用してみようと考えました。頭の中はまずはブログのことを考えて、ブログを書くという行動を可能な限り優先していくと決めたのです。

実際は最優先というほどは取り組めなかったものの、意識が変わりました。

それまでは「書くネタがない」「上手く書けない」と悩むことが多かったのですが、これも価値観を変えるだけで書くことはなんとかできていくものです。毎日２〜３記事の更新をすることができて、それを数か月続けただけで少しずつですが、仕事が入ってくるようになり、アルバイトを卒業できるようになったのです。

価値の優先度が上がると、そのことについて意識をするようになり、考えることも行動することも増えていきます。それに伴って結果が変わっていくということですね。

あなたが本当に大切にしたいもの

目的には価値観が表れる

エフィカシーの章では「ゴール」について解説しました。ゴールは目的地のことでしたね。そのゴールを達成したい、またはゴールを手に入れたい理由が「目的」となります。

旅行で沖縄に行きたいのだとしたらゴールが沖縄です。ではその目的は沖縄に行くことで何を手に入れたいのか？　例えば南国でゆっくり癒されたい、美味しい沖縄料理を食べたい、海に潜って非日常を味わいたいなど様々な目的が出てくるかもしれません。

このように1つのゴールに対して複数の目的を見つけていくことができます。

そしてどれらの目的も、その人にとって価値と感じているものだということになります。プラスに感じるからこそ手に入れたい、得たいと思っているからですね。

純粋に手に入れたい目的

コーチングをしていると「本当にやりたいことが何かわからない」という相談がよくあります。

本当にやりたいことという定義が難しいところですが、1つ言い切れることとしては、不足感を埋めるための行動は本当にやりたいことではないということです。

例えば「人から評価されたい」という気持ちが強い人は承認欲求の不足感があると言えます。人から評価されることを目的として動いたとしたらどうなるでしょうか？

本質的にはこちらがどれだけ頑張ろうが、どれだけ成果を出そうが、それについていい評価をするかは相手次第（相手の意味づけ）です。

評価されることが目的となると、評価をしてほしい相手を気にし続ける必要が出てきます。

「こうしたらあの人はよく言ってくれるんじゃないだろうか？」

「これなら多くの人が凄いと思ってくれるんじゃないだろうか？」

そして自分がやりたいかどうかではなく、相手の評価がどうかによって自分の動きが変わってしまう。これでは相手に振り回されている状態です。

このように見ていくとわかるように、承認欲求が不足していると、人から評価されそうなことをやりたいことのように感じてしまいますが、それは本来の目的ではありません。

他にも現在お金が足りない、時間が足りない、刺激が足りない、などなど。足りないことを埋めることはプラスには感じるかもしれないので価値とは言えます。

しかし、もっともっと奥深くに不足を埋めることではない「純粋にやりたい」「純粋に手に入れたい」という目的意識があり、それは本当に大切にしたい価値観となります。

この価値観に気づくことで人としての深みのようなものが出て、その人の輝きのようなものが出たり、長く続けられるモチベーションになったり、濃い充実感を得られるなどの効果があります。

常に満たされない人生を目指すのか

承認欲求を手放すと心が強くなる

承認欲求については僕自身だいぶ悩んだ部分でした。人から評価をされないと自分には価値がない存在だと思い込んでいたからです。

しかしここまで見てきたように、価値というのは人それぞれがどうプラスに感じるかどうかであり、価値観というのはそれぞれの優先順位付けでしかありません。

自分に価値があるかどうかなんて正解はないということですね。

承認欲求について深く考えていったときに、人から評価を受けることを基準に考えることは止めようと心から思うことができました。それからとても生きるのが楽になりました。

他人からあまりよくない評価を受けても必要だと思うことは意見として採用し、特に必要がないものは聞き流せるようにもなりました。心が強くなった感覚があります。

振り回される人生

ある知り合いが「六本木ヒルズに住んでフェラーリを乗り回す生活をしてみたい」と話していました。これは承認欲求の不足感からきている望みだと考えられます。

実際にそういう生活ができたときに、その瞬間は満たされるかもしれません。でもそれは空腹を満たしても、またお腹が空いてしまうのと同じです。もっと欲しい、まだまだ足りないという気持ちがずっと湧き上がってきます。

そうなると基本的に足りないものを埋めていく人生になります。常に満たされていないというベースで人生を過ごしていくことになるのです。

純粋な目的意識

一方、別の友達と話しているときにも「いつかフェラーリが欲しい」という流れになりました。はじめは承認欲求なのかと思ったのですが、理由を聞いてみると「あのフェラーリの赤色はずっと進化してきていて…」「フェラーリのエンジン音は甲高く澄んだ音で…」と話が止まらない。

話をしているときには目がキラキラと子供のようで、フェラーリに興味がない僕も(今度フェラーリを見かけたらよく観察してみよう）と影響を受けてしまいました。

もしこの友達がフェラーリを買ったとしたら眺めているだけで、心の底から湧き上がる幸せを何度も何度も感じるでしょう（実際に買えたとしたら毎晩フェラーリを眺めながらビールを飲みたいとも言っていました）。

これは不足を埋めることではなく、純粋に手に入れたいという目的意識であり、その人の深い価値観です。そしてこの純粋な目的は周りの人を巻き込むエネルギーにもなるのです。

純粋な目的意識が人を動かす

目的の奥には目的がある

ゴールにはそのゴールを手に入れたい理由＝目的があります。

では、その目的を手に入れたい理由は何なのか、と考えると目的にも目的があります。

更にその先にも目的があり…と、奥に掘り進めていくほど深い目的意識が出てきます。

基本的にはまずは不足していると感じていることを埋めていこうとします。そして不足を埋めたその先には「自分は何を手に入れたいのだろうか」「自分は何をするだろうか」と考えることで、より純度の高い手に入れたいもの（目的）が見えてきます。

それは自分にとって、とても価値の高いもの（本当に大切にしたいもの）になります。

お金も時間も気持ちもすべて充分に満たされている。その先にあなたは何をしているでしょうか？　それを見つけるために目的の奥にある目的を見つけていく手順をご紹介します。

基本的な進め方

まずは何らかの手に入れたいもの、ゴールを1つ設定してみてください。

そこに対して次の質問を自分に問いかけていきます（どれでも大丈夫なので、答えやすいもので進めてみてください）。

「それを手に入れるのは何のためなのか？」

「それが充分に達成できたことで何が得られるのか？」

「それが満足いく形で手に入ったときにどんないいことがあるのか？」

そして出てきた答えに対して、同じように質問を繰り返していきます。

1人でやると言葉がたくさん出てくるので紙に書き出しながらやってみてください。

抽象的な答えが出てきたときは「例えば？」「具体的にすると？」と質問し、イメージを詳細に描くことで、より臨場感を伴って進めていくことができるので効果的です。

不足を埋めていく

例えば、沖縄に行くというゴールがあって、それを手に入れるのは南国でゆっくり癒されるためという答えが出てきたとします。

では充分にゆっくりして癒されることで何が得られるのかと質問をしていくということですね。

そしたら元気が得られるとしましょう。元気が得られたら…と繰り返していきます。

元から充分に癒されている人は癒しを求めないので、この一連の流れだけでも今は仕事で疲れて癒しや元気が不足していたのだとわかります。元気になるために癒しが欲しくて、癒しのために沖縄に行きたかったのだというゴールと目的の関係性が見えてきます。

自分も人をも動かす純粋なエネルギー

実際にあった目的を掘り進むセッション事例

参考までに、過去に僕がコーチングをした際のクライアントとのやり取りについて、許可を得たのでシンプルに編集して載せてみます（原＝原子、ク＝クライアントです）。

原「やりたいことは何がありますか？」
ク「出版をしてみたいです」
原「納得いく形で出版ができたときに何が得られますか？」
ク「お金を得られます」（↑抽象的）
原「具体的にはどれくらいお金を得られますか？」
ク「１００万円くらいは入ってくると思います」
原「では１００万円が手に入ったとき、何が得られますか？」
ク「好きなことができます」（↑抽象的）
原「好きなことって例えば何ですか？」
ク「学びたいことがあるので、学びに使います」
原「充分に学びたいことを学べたときにどんないいことがありますか？」

ク「また本を出すかもしれません」
原「２冊目の本ですね。それが納得いく形で出せたとき、何が得られますか？」
ク「全国の本屋に置かれて有名になります」（↑少し答え方が雑に感じた）
原「ではイメージしてみてください。本屋にあなたの本が置かれているのを目にして。手にとってみて…そのとき、どんな感じですか？」
ク「平積みされていて、それを自分でみて嬉しくなります、誇らしい感じです」

不足の先にあったもの

この後は、よりお金持ちになり、行きたいところも行き、時間も自由になり、と話が進んでいきました。つまりお金、経験、時間の不足感を満たしていったことになります。

そして、その先にあったのはこの言葉でした。

「学んだことや経験したことを、やはりまた本にしたいです！　そして多くの人にチャレンジする楽しさを伝えたいです！」

最初は出版をして漠然とお金が欲しい、なんとなく有名になりたいという目的でした。そこからお金も知名度も得て、不足感を埋めたことで「チャレンジする楽しさを伝えたい」という純粋な気持ちが出てきたのです。

この純粋な目的意識は価値観として自分も人をも動かすものとなります。

本当に大切にしたいことを大切にする人生

自分が本当に大切にしたいことを知っておく

ここまで「価値観とは価値の優先順位、価値とはプラスに感じるエネルギー」と定義して話をしてきました。

マインドと併せて、潜在意識の中にある価値観によって、あなたの人生は形づくられています。

自分を変えるというと難しく感じますが、「自分の中にある価値観の優先順位を変える」としたら取り組みやすいと思いませんか？

ぜひ、イージーモードな人生を送る価値観を採用（優先順位を上に）してみてください。

そして自分の価値観と向き合うことで

「自分はこれを大切にしていたかったんだ」

「自分はこれを手に入れたいと思っていたんだ」

「自分はこの気持ちになりたかったんだ」

など様々な気づきがあったかと思います。

自分が本当に大切にしたかったことを大切にしているとき、人は充実感を感じます。

価値観の意識をぜひ日常に取り込むだけで、きっと軽やかに人生が好転していきます。

第7章：ステップ5／理想未来を引き寄せるセルフイメージを！

セルフイメージが人生に与える影響とは

セルフイメージも現実に影響を与える

セルフイメージという言葉があります。

『セルフイメージとは、自分に対して持っているイメージ』という捉え方で話を進めてみます。

「私は主婦」と思っているなら主婦というセルフイメージがあるということ。

「私は元気」なら元気というセルフイメージを持っているということになります。

1人の人間の中にはたくさんの役割、性格、持っているものなどがあります。

それらは全て「私は○○」と表現できて、それがセルフイメージと言えます。

前の章でも書きましたが自己肯定感の低かった僕は「ダメ人間」「コミュニケーション力が低い人」「根暗」などのセルフイメージを持っていました。

「私＝○○」と考えるとマインドとも言えます。そのように信じているからこそ、そのセルフイメージ（マインド）を元に感情や思考が生まれ選択・行動するようになります。

セルフイメージに合わせて影響を受ける

「私は社長だ」というセルフイメージがあったとします。

〔図表９　セルフイメージ〕

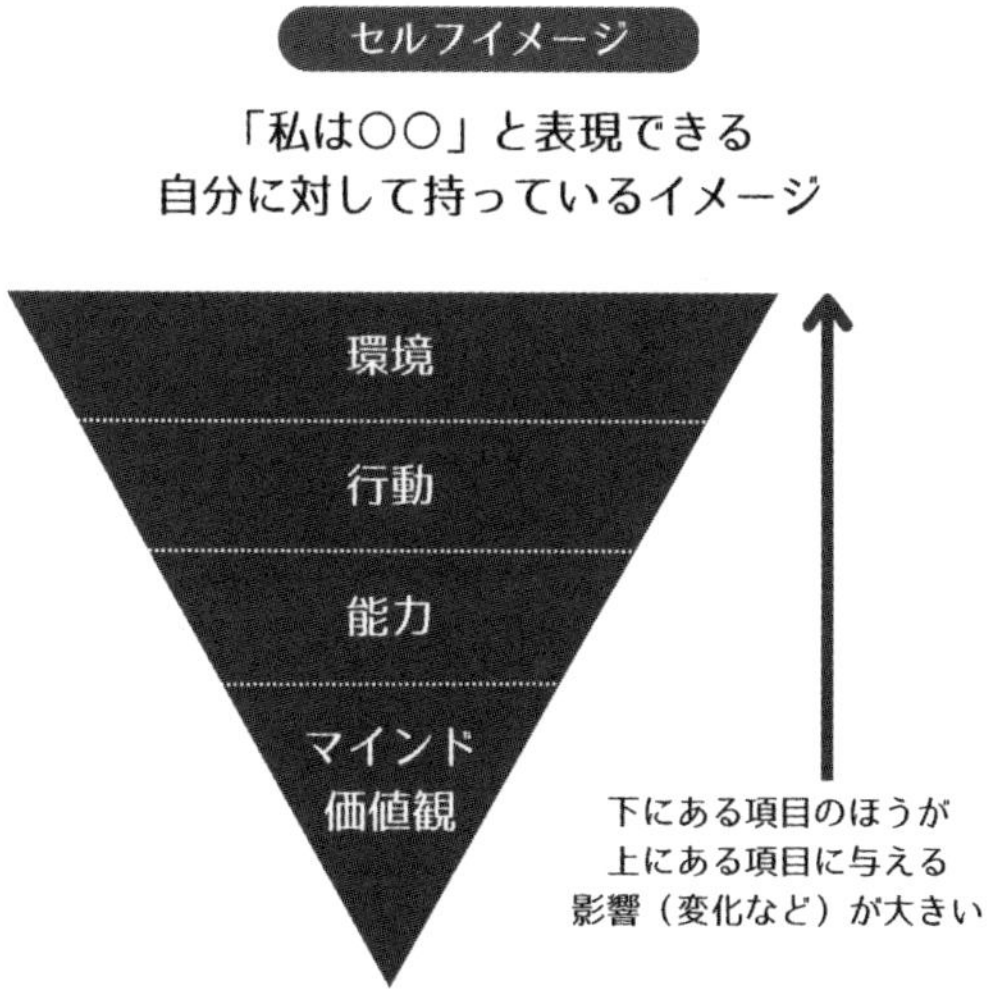
セルフイメージ
「私は〇〇」と表現できる
自分に対して持っているイメージ
環境
行動
能力
マインド
価値観
下にある項目のほうが
上にある項目に与える
影響（変化など）が大きい

そのセルフイメージを持っている人はセルフイメージ通りに考え、動くようになります。

つまりその人にとっての社長としての振る舞いをするようになるということです。「社長＝偉い」というマインドを持っていたら横柄になるかもしれません。

「社長＝社員を大切にする」というマインドなら社員を優先する価値観で行動するようになるでしょう。

このようにセルフイメージとマインドと価値観はそれぞれ関係し合っています。

そしてセルフイメージを考える際には図にあるように、「能力・行動・環境」この要素からも見ていくとわかりやすくなります。これらの項目から自分を深く知っていきましょう。

セルフイメージ通りに環境がつくられていた⁉

セルフイメージの例

セルフイメージを考える際にわかりやすい項目、マインド・価値観・能力・行動・環境についてそれぞれ例を見てみましょう。

セルフイメージ「私は社長だ」

マインド「社長たるもの社員を大切にすべき（社長＝社員を大切にするもの）」
価値観「社員の喜ぶことを考える」
能力「共感力、リーダーシップがある」
行動「社員の話を聴く」
環境「人間関係のいい職場」

セルフイメージ「私は主婦」

マインド「家のことはちゃんとやらないといけない（主婦＝家のことをちゃんとやる人）」
価値観「家は綺麗、夕食は手づくりで健康的にしていたい」

能力「掃除、洗濯、料理などの基準は高い」
行動「いつも忙しく動いている」
環境「綺麗で快適な家」

「自分」というものをどうイメージしているのか

ここで出した例は、すべて「私は」から始まる言葉に置き換えられます。

マインドは「私はそうすべきだという考えを持っている」価値観は「私はそれを大切にしている」などですね。同じく私はそういう能力がある、私はそういう行動を取る人、私はそんな環境にいると表現することができます。

これらの関係性の中に「自分」という言葉を当て、自分に対するイメージを固定化しています。

表面だけ変えても改善しない

セルフイメージに沿って能力（できること）が変わっていき、行動も変わり、環境がつくられていきます。図表９にあるように下からの影響力のほうが強く、より下にある項目が変わるほうが上の項目へと影響を与えていきます。

また、マインドや価値観から起きている問題の場合は、マインドや価値観はそのままに環境だけ変えたとしてもまた同じような問題が繰り返されてしまうことが多いのです。

問題が繰り返される理由

努力しても抜け出せなかった悩み

あるサラリーマンの方の話です。

その方は転職を何度か繰り返していて、どこに行っても人間関係の問題が起きてしまうとのことでした。いじめられるようなことが起きたり、一方的に問題を押し付けられて責められたりなど理不尽なことが多く起きていたそうです。

環境を変えても理不尽な人間関係という問題は変わらないという状況です。

環境だけでなく、リーダーシップに関する本を読んでみたり、自信をつけるために筋トレをしてみたりなど行動も変えたそうです。しかし状況は変わりませんでした。

セルフイメージを変えたら現実が変わった!

カウンセリングをしていてマインドに何か原因があるのではないかと思い、潜在意識の部分を掘り下げて聞いていきました。

そこで出てきたのが、「父がサラリーマンだったが、うだつの上がらない人生だった(と思い込んでいた)」「自分はそうならないよう舐められてはいけないと思った」という話。

その結果として勉強を頑張れたり、仕事でも他の人と比較して仕事はできる方だと評価されるようになったりしたそうです。

一旦ここで整理すると、その方は「サラリーマン＝舐められてはいけない」というマインドを持っていて、そのマインドがあったことで「勉強、仕事はできる」という能力を高めることに繋がったと考えられます。

また、舐められてはいけないという公式があるからこそリーダーシップの本や自信をつけるという行動を選択していたのだと見えてきました。

そして話を聞いていて度々出てきていたのは「自分はこんなにできる」ということや「あの人はできない」など、能力で人を上や下に分類している言葉でした。

「私はできるサラリーマンだ」というセルフイメージを持ち、できることが大切だという価値観も強くありました。

この構図を見える化して解説したところ「自分はマウントを取られるのが嫌なのに、人には舐められないようマウントを取っていたかもしれない」と気づきがあったようです。

そこで一緒に「私は寄り添うサラリーマン」というセルフイメージをつくり、それに合わせたマインドや価値観をセットしました。そして寄り添い力（能力）を高めて、実行（行動）したことで「コミュニケーションが全く変わりました！　人から求められるようになったのを実感します」というご報告をいただきました。つまり人間関係（環境）が変わっていったのです。

セルフイメージ通りに現実が強化される

モテる人の思考回路

セルフイメージが変わり、それが潜在意識にセットされると無意識の内にセルフイメージに沿った気持ちをつくり、思考をして選択・行動を取るようになり、それに合った結果がつくられます。

例えば「俺はモテる」というセルフイメージを持っている人がいたとします。

その人はモテると思っているから積極的に声をかけるという行動を取っていきます。

しかしいくらモテる人だとしても百発百中で上手くいくということはありません。邪険に扱われたり振られたりすることもあるでしょう。

そのときには「あれ？（俺はモテる人なのに）おかしいな」とか「俺のよさがわからないなら仕方がないな」など、モテるという前提のまま思考が展開されます。

モテなかった時代の思考回路

一方、自己肯定感が低かった頃の僕は「自分はモテない」というセルフイメージがありました。

モテないというセルフイメージに沿って「自分のことを好きになる人なんていない」と考えたり、自分に自信がないので女性の目を見て話ができなかったり（という行動を）しました。

そんな僕を見かねて友達が合コンに誘ってくれて行ったこともあります。

お酒さえ飲めばある程度話ができると知った僕は合コンの前に４杯ほど飲んでから参加していました。

酔った勢いで連絡先を交換するものの、お酒の効力が抜けた次の日にはまたモテない自分に逆戻り。連絡を取るという行動に移すことはできません。女性の方から誘ってもらえることもありましたが、いざ会ってみると全然話ができず頭が真っ白。微妙な空気のまま別れた帰り際「やっぱり僕はモテないんだ」という独り言を頭の中で呟いていました。

セルフイメージに合わせて現実が強化される

このように考え方や行動はセルフイメージによって大きな影響を受けています。

そして潜在意識は一貫性を保ちたい性質があるため、「自分は○○だ」というセルフイメージがあると「○○」である証拠を集めようとします。

そのことによってセルフイメージ通りの現実がどんどん強化されていくのです。

だからこそ自分の理想に合わせてセルフイメージを変えていきたいのですが、マインドの章でお伝えしたことと同じで、「自分はモテない」と思い込んでいるところに「自分はモテる」とセルフイメージを上書きしようとしても無理があります。

そこで次からはセルフイメージを無理なく上書きするアプローチをご紹介していきます。

理想をモデルに自分をアップデート（前半）

セルフイメージのモデリング

まず1つ目のセルフイメージを変える方法は、マインドや価値観のところでも出てきた、自分が理想とする現実を既に手に入れている人からセルフイメージを借りてくるやり方になります。

理想とする現実を手にしている人をモデル（型・手本）として参考にさせてもらいましょう。

イメージをする手順が多いので、1つずつやり方を見て目を瞑ってと繰り返してもいいですが、手順をスマホなどで録音して、ずっと目を瞑ったままイメージをするほうが入り込むことができます。

①：モデルを決める

自分が理想とする現実を手に入れている人をピックアップしましょう。すべてを叶えている人がいればベストですが、そういう人が思い浮かばなければある部分において（例：お金の稼ぎ方において参考にしたい、パートナーシップにおいては理想など）モデルにしたいという方で大丈夫です。

②：イメージの中でモデルを観察する

目を瞑り、3回ほど深呼吸を繰り返し、気持ちを落ち着かせていきます。心が静かになったら、モデルとなる人を目の前にイメージをしてください。

その人の表情、服装、姿勢などをよく観察してみてください。

③：客観的に自分とモデルを眺めてみる

自分の頭のてっぺんから魂だけが幽体離脱をするように抜け出すというイメージをしていきます。抜け出した後は上空から先ほどまで入っていた自分の体と、モデルを見下ろしている状況になります。そこから2人を眺めるとどんな感じがするか言葉にしてみてください。

④：モデルの中に入って体感する

今度はモデルの体の中に魂だけが入っていくイメージをします。足の指先から手の指先、そして頭のてっぺんまで感じた後、内臓や細胞レベルまでその人の中にいることを感じてみてください。

その中で見える世界はどのような感じでしょうか？

何を見て、何を聞いて、何を感じていますか？

先ほどまでいた自分をその人の中から見るとどう感じるでしょうか？

このときに、その人の体で何かアイデアを考えてみたり、自分の課題となっていることについて行動をしてみたりすることで今までとは違う視点や気づきが得られることもあります。

モデルの世界観（どのように世界を観ているか）を味わってみましょう。

理想をモデルに自分をアップデート（後半）

⑤：モデルのセルフイメージを言語化する

モデルとなる人の体の中でセルフイメージについてそれぞれを言葉にしていきます。

「私はどんな環境にいるか」

「私はどんな行動をしているか」

「私はどんな能力があるか、どんなスキルを持っているか」

「私は何を大切にしているか、どんなことにプラスを感じるか」

「私は出てきたそれらのことについてどのように捉えているか（どんなA＝Bがあるか）」

「私は自分のことをどのように捉えているか、私は自分のことを何と表現できるか」

⑥：客観的にモデルと自分を眺めてみる

一通り言葉にしたら、そのモデルの体から幽体離脱をして魂だけ抜け出し、先ほどと同じく改めて上空から自分とモデルを眺めてみてください。

先ほどとは何か感じ方に変化はありましたか？　そこについても言語化してみてください。

⑦：セルフイメージを1つ決める

自分の頭のてっぺんから元の体に戻り、足の指先から手の指先まで感じてみてください。

そして自分の体の中に、モデルのセルフイメージの体感を借りてくるとしたら今までとどのように考え方や行動が変わるかをイメージしていきます。

より理想へと近づけそうな実感のあるセルフイメージを1つ決めて終了です。

セルフイメージを参考にするということ

この手順で大切なことはモデルとなる人の体感をすることと、そこからセルフイメージの表現を借りてくることです。

行動力のあるモデルだとしたら、その行動をする前にどんなことに意識を向けて、どんなことを考えているのか。またはどんな価値観やマインドがあるのかを体で感じてみる。

そして「私はストイックだ」などのセルフイメージがありそうだと思ったら、それを自分に採用するとしたらどんな感じがするかをイメージしていきます。

もちろん他人なのでそのままを使おうとすると違和感を感じることもあります。「ストイックになりたいわけではないかな」という風にですね。

その場合はストイックではなく「私は行動力がある」とするなど、自分にフィットする言葉をセルフイメージとして活用していきましょう。

自分を超えて自分をアップデート（前半）

もう1つのアプローチ

2つ目のセルフイメージを変える方法は自分を超えた領域と1つになり、そこからセルフイメージを導き出していくというやり方になります。

あなたは過去に「我を忘れて何かと1つに繋がった感覚を感じた」という経験がありますか？

例えば、山登りをして頂上から雄大な景色を見ているときに大自然と1つになってボーッとしたとか、学生の頃に合唱コンクールで集中して歌っていたら皆んなと会場とが1つになって感動したなどの経験です。

もしそういった経験がなければ、光と1つに繋がるというイメージを用意したので、そのイメージを活用してみてください。

①：理想を叶えたセルフイメージを言葉にしていく

あなたが理想を手に入れた未来を想像してみてください。そのときのことを次の質問に答えながら臨場感を高めていきます。

「理想を叶えた私は、どんな環境にいますか？　周りに誰がいて、そこでは何を見て聞いて感じていますか？」

「理想を叶えた私は、どんな行動をしていますか？　そのときにどんな気持ちで行動していますか？」

「理想を叶えた私は、どんなスキルを身につけていますか？　過去の自分と比較して何ができるようになっていますか？」

「理想を叶えた私は、何を大切にしていますか？　どんなことにプラスを感じていますか？」

「理想を叶えた私は、ここまでに出てきたそれらのことについてどのように捉えていますか？（どんなA＝Bを持っていますか？）」

「理想を叶えた私は、自分のことをどのように捉えていますか？　理想を叶えた私は、自分のことを何と表現できますか？」

②：自分を超えた一体感と１つになる

質問に一通り答えたら自分を超えた、より大きなものと繋がった一体感を感じたイメージをしていきます。過去にそのような体験があれば、そのイメージを細かく思い出していきます。

そのときに何が見えて、何が聞こえて、何を感じていたでしょうか？

充分に味わったら次の手順へと進んでください。過去に一体感を感じた体験を思い出せなければ次の光と繋がるイメージに浸ってみてください。

自分を超えて自分をアップデート（後半）

光と繋がる一体感イメージ

（スマホなどに録音して目を瞑ってイメージに浸ることをおすすめします）

理想の自分を感じているあなたは今、広い草原の中にいます。綺麗な緑、青い空、白い雲、飛び回る蝶々。大きく息を吸い込むと花や草の香りがします。暖かい太陽の日差しを浴びています。

だんだんと太陽が沈んでいき、オレンジ色の綺麗な空が広がり、空には星が1つ、また1つと増えていきます。紫色の空が広がると同時に満天の星空が広がります。その星の中で、ひときわ強く輝いている星があります。その星は柔らかく、暖かく、優しい輝きを放っています。

じーっとその星を見つめていると、星の光がどんどんと大きくなっていきます。更にどんどん大きくなり、ふっと気づくとあなたをスッポリとその光が包んでしまいました。

今、あなたは光の中にいます。キラキラ輝き、柔らかく、優しい光の中でとても穏やかな気持ちです。真っ白でキラキラと輝く光の中にいると、光と一体化していくようです。

あなたは光の中でふわふわと漂い、細胞1つひとつが輝いています。もうどこからが自分なのか、どこまでが自分なのかがわからなくなってしまいました。

あなたはどこまでもキラキラと輝き続ける光と一体化しています。

③：改めてセルフイメージを言語化していく

自分を超えた領域と一体感を感じた後に、先ほどとは逆の順番で自分に問いかけていきます。


「私は、自分のことをどのように捉えていますか？　私は、自分のことを何と表現できますか？」

「私は、何を大切にしていますか？」

「私は、その大切にしていることについてどのように捉えていますか？」

「私は、どんなスキルを身につけていて何ができますか？」

「私は、どんな行動をしていますか？」

「私は、どんな環境にいますか？　周りに誰がいますか？」

④：セルフイメージを1つの言葉にする

行きと帰りでたくさんの「私は○○」という言葉が出ているはずです。

それらを元に新しいセルフイメージとして採用したいものを考えていきます。すべてを意識すると多いので、１つか2つに絞って表現を工夫してみてください。

自分を超えた領域との一体感を感じた後に出てきているもののほうが、より深い価値観に沿ったものになりますが、抽象的な表現になることが多いので、日常に活かしやすいよう表現しましょう。

次からその表現の工夫について解説していきます。

催眠術って本当なの⁉

セルフイメージに合わせて独り言を呟いている

セルフイメージを元に思考して選択や行動が決まるというのは話してきた通りですが、この思考は独り言という形で自分に言い聞かせている状態です。無意識で何度も、何度も同じようなことを言い聞かせています。

自己肯定感が低く「私は無能だ」というセルフイメージを持っている人がいたとします。その人は「どうせできないだろうな」「やっても無駄だろう」と独り言を呟き、チャレンジをしないという選択をしがちです。または行動をしたとしても上手くいったら「運がよかっただけだ」と言い、失敗したら「やっぱりダメだった」と独り言を呟く。

この独り言がセルフイメージをどんどんと強化し、実際にそのような人物がつくり上げられていくのです。

そこでここからはセルフイメージを上書きするための「アファメーション」という考え方についてお伝えしていきます。

心の中で呟く独り言によって影響を受ける仕組みを活用して、意識的に独り言を呟き潜在意識を変えていく強力な方法になります。

アファメーションとは

「アファメーションとはプラスな自己暗示」と本書では定義してみます。

そして「暗示とは潜在意識にある思い込みを書き換えるために働きかける行為」と捉えてみてください。

僕はヒプノ（催眠）セラピーというスキルを取り入れてコーチングをしています。

「催眠術は嘘なんじゃないか」と思う方もいますが、実際にあります（人によって催眠にかかりやすい、かかりにくいはあります）。

催眠術では催眠術師の暗示を受け取りやすい意識状態をつくっていきます。そうすることで「ワサビが生クリームのようになる」と暗示をかけると、催眠がかかっている人は「ワサビ＝辛い」から「ワサビ＝甘くて美味しい」と思い込みが書きかわります。そして実際に生クリームのようにバクバクと美味しく食べられてしまうのです。

テレビでそのようなショーを見たことがあるかもしれませんが、テレビに関しては映りたいという理由でかかった振りをする人もいるようです。

しかし実際にかかりやすい人はないものがあるように幻覚が見えたり、ゴリラになると暗示をかけられるとゴリラのように振る舞ったりしてしまうというのは現実に起こる現象です。

この催眠の原理を使って自分に暗示をかけていくのがアファメーションなのだという捉え方で解説していきます。

何故そのアファメーションでは上手くいかない？

逆効果の間接暗示

アファメーションは、自分に対して「私は○○である」という呟きを繰り返していく行為として捉えている人が多いと思います。上手くいったのであれば今までのやり方でいいと思います。

しかし、僕が色々な人に話を聞いていると「なかなか効果を感じなかった」という声が多いです。何故アファメーションの効果が出ないかと言うと、頭（顕在意識）だけでやろうとしていて潜在意識の原理を活用できていないからです。

例えば「私はできる！」という言葉をアファメーションとして日常で唱えていくとします。この場合は実際にはできていないから、私はできるという思い込みをつくりたいわけですよね。実際にできる人は「私はできる！」なんて力を込めて思うことはしないですからね。

つまり、潜在意識は「私はできない」と思い込んでいるところに対して、頭で「私はできる！」と思い込もうとしている、そんな構図になります。

何度も書いてきたように顕在意識よりも潜在意識のほうが、圧倒的に影響力があります。

そう考えると、このアファメーションでは、「私はできる！（できないけど）」という風に、括弧書きにある潜在意識の声が作用してしまうのです。

何万回このアファメーションを唱えたとしても結果的には「私はできない」という間接的な暗示を刷り込む行為になってしまい、全く意味がないどころか逆効果になるのです。

潜在意識を意識する

潜在意識の思い込みを暗示によってプラスに書き換えるのがアファメーションです。

唱えれば唱えるほど潜在意識が変わっていくことが大切なことになります。

そこで意識を向けたいことは、「潜在意識の疑いが入らない」「潜在意識が反発・抵抗しない」という表現を工夫していくこと。

例えば「私はできる！」では潜在意識の疑いが入るかもしれませんが、「私はできるように日々成長している」であれば潜在意識的に疑いが入りにくくはなります。

ただ、この表現だったとしても潜在意識が「いや成長してないでしょ」と思うのだとしたら、やはりこの表現でも潜在意識の抵抗が入っていることになります。

そこで、例えば成長していることを毎日記録しながら「私はできるように日々成長している」と呟くのだとしたら疑いは入らなくなります。

ほんの少しでも実際に成長している嘘ではないからです。

このように潜在意識がどう反応するか、しっかりと思い込みを上書きしていけるかに着目してアファメーションの表現をつくっていくことが大切になります。

効果的なアファメーションのつくり方

肯定的な表現にするのは必須

アファメーションのコツとして色々なことが言われます。

その中でも必須なのは「肯定的な表現にする」ということです。

否定の表現になると潜在意識はどこを目指すかがわからないからです。

例えば旅行の目的地を決めるときに「沖縄じゃないところに行く」と決めたとしても「じゃあどこなの?」ということがわかりません(○○じゃないというのが否定の形)。

これと同じように例えば「根暗を卒業する」(根暗ではない状態になるという否定の形)と言ったとしても、「じゃあ卒業したらどうなるの?」ということがわかりません。根暗ではない状態なんて無限にあるわけで、潜在意識からしたらどうなることを目指すかがわからないのです。

だからこそ「こうなる」と肯定的な表現にしていくことが大切なのですね。

アファメーション表現の指標

それ以外のコツとしては「断定的な表現にする」とか「現在進行形で表現する」ということもよく言われます。

断定的というのは「私は○○だ」という表現。現在進行形は「私は△△になっている」という表現ですね。

ここに関しては潜在意識が受け入れられるのであればどちらでも大丈夫です。

潜在意識が疑ったり抵抗したりしていないかについては、アファメーションを唱えるときに無理に言い聞かせようとしていないかを１つのチェックポイントとして感じてみてください。

行動と合わせたアファメーションが強力

もう１つのコツとしては行動と合わせて唱えていくことです。

布団の中で「私は明るい、私は明るい」と唱えても潜在意識からしたら「でも実際は暗いよな」と考えてしまうかもしれません。

実際の行動として例えば鏡の前で笑顔になって「私は明るい」と言うのであれば疑いは入りにくくなりそうですよね。

もっと潜在意識が受け入れやすいようにするとしたら「私は日常の中でどんどん明るい時間が増えている」と呟きながら、明るく話しかけるとか、笑顔の時間を意識的に増やしていく。

そしてこれが定着してきてから「私は明るい」というアファメーションへとアップデートすることで潜在意識にとって受け入れやすく、実際に思い込みを変える効果が発揮されるのです。

この行動に合わせた呟き方についてもう少し具体的に見ていきましょう。

催眠原理を活用したアファメーション

暗示の3つの基本

催眠術の基本として3つの流れで暗示をかけていくというものがあります。

(1) 前暗示
(2) 刺激
(3) 追い込み暗示

この3つのです。

「指を鳴らすとあなたは眠くなります」というのが前暗示。
「パチン（指を鳴らす）」これが刺激。何らかのきっかけを与えることになります。
「どんどん眠くなる。もっと眠く、瞼が重たくなる」と言うのが追い込み暗示です。
この原理を活用してアファメーションすることを考えてみましょう。

前暗示のアファメーション

まずは潜在意識の疑いが入りにくい表現をつくります。これが前暗示となります。
例えば「私はお金持ちになる」にするとして、もしこれが「私はお金持ちだ」だと「でも実際はそんなにお金ないし」と疑いが入ってしまうかもしれません。

「私はお金持ちになる」であれば明確な否定はできませんよね。

刺激を入れてきっかけにする

「私はお金持ちになる」というアファメーションに沿った行動を意図的に取っていきます。

お金持ちになるための勉強だったり、人脈を広げるために交流会に行ったり、何らかの商品を開発してみたりと行動をしていく。

それによって、より潜在意識は「お金持ちになる」ということを受け入れやすくなります。

追い込み暗示のアファメーション

勉強をして知識が増えたとしたらお金持ちに実際に近づいていると言えます。

そこで勉強した成果を実感しながら「私はお金持ちにどんどん近づいている」と唱えるのなら疑いはありません。

そして実際にお金持ちになってきて「私はお金持ちだ」というセルフイメージになると、お金持ちとして無意識に考え、お金持ちとして行動するようになり、お金持ちの現実が手に入るのです。

このステップで大切なことは間に行動を挟むこと。実際にアファメーションに沿った行動を取ることで潜在意識には一貫性が生まれて強力に後押ししてくれるように変化していきます。

アファメーションの効果が発揮されやすい唱え方

ボーッとする効果

アファメーションの表現は潜在意識が抵抗しないようにすると話をしましたが、カウンセリングなどで催眠を活用するときも同じく、相手の潜在意識が抵抗しないように、そして受け入れやすいように伝え方などを工夫をしています。

例えば、深呼吸をしてリラックスしてもらい、意識をボーッとさせていく。その状態で暗示を入れることでボーッとしているからつい受け取ってしまうというようにです。

色々なテクニックや原理があるのですが、ここではアファメーションに使えて効果のある方法を1つご紹介します。

それは目を活用する方法です。

よくある催眠術のイメージ

催眠術と聞くと「あなたはだんだん眠くなる」と糸に括り付けた5円玉を揺らすイメージを思い浮かべる人が多くいます。

実際の現場ではほとんど使われませんが、原理としては効果を説明できます。

簡単に説明すると揺れ動く5円玉を見て、目から入る情報を1つに集中させておいて、その裏で眠くなるという暗示を入れているのです（他にもいくつか理由はあります）。

この原理を利用してみましょう。

簡単だけど効果の高い方法

やることは簡単です。

鏡の前に立ち、自分の目をじーっと見つめながらアファメーションを唱えるだけです。

特に何秒間か自分の目を見ていると意識がギューっと絞られてくるような、視界が狭くなってくるような感覚があると思います。そのときにアファメーションを唱え続けます。

自分の目を見つめていると頭もボーッとしやすいので、そのまま2分ほど唱えてみてください。

アファメーションを唱えたものをスマホなどに録音して、それを鏡で自分の目を見つめながら頭はボーッとしながら聞き流すことも効果的です。

これは特に夜に寝る前と、朝起きたときにやることがおすすめです。

夜も朝も歯を磨いた後にでも、洗面所で鏡に向かってやってみてください。

簡単な瞑想効果があるので、夜はそのまま寝ていただいても大丈夫です。眠りの質が上がるのも実感していただけると思います。

朝は体を動かして意識をハッキリとさせて終了させてからお出かけするようにしてください。

未来と過去に意識を向けてセルフイメージを上書きする

間接的な暗示

ここまで新しいセルフイメージを定着させるための方法としてアファメーションの考え方をお伝えしてきました。

「私は〇〇」というのがセルフイメージであり、その新しいセルフイメージを上書きすることが目的だと考えると言葉を使うだけがアファメーションではなく、間接的な暗示も効果があります。

例えば、直接的な暗示というのは「私が指を鳴らすとヨダレが止まらなくなります」という表現。それに対して間接的な暗示というのは目の前でレモンを4分の1に切って、みずみずしい断面のレモンを口いっぱいにかじって、「酸っぱい！」という顔をする。そしたら言葉を発していなくても、それを見ている人はついヨダレをごくんと飲み込んでしまいます。

実はこの非言語的な間接暗示の方が強力で、この効果を意識した2つのポイントをご紹介します。

未来を考えるときに

新しくインストールするセルフイメージを言葉にしたら、何かの行動を計画するときや準備をするとき、つまり未来を考えるときに「理想のセルフイメージの自分ならどうするか？」と考えていきます。例えば、僕は理想の自分を思い描いたときに「私は自然体」というセルフイメージが出てきました。いつも悠然としていて無理感がないイメージです。

そしたら「今日は何をしようか？」とか「来月の目標はどうするか？」と考えるときに「自然体の自分だったら今日は何する？」「自然体の自分は来月何を目指す？」と考えるということです。

過去を振り返るときに

そして次は何か行動をした後、つまり過去を振り返るときに「理想のセルフイメージの自分ならどうするのがベストだったか？」と考えていきます。

自然体で例を出すと「今日のミーティングは自然体の自分からするとどうだっただろうか？」「先月は目標達成できなかったけど自然体の自分からしたらどうだっただろうか？」という風に自然体というセルフイメージでフィードバックをしていくのです。

セルフイメージを変えて理想の現実創造を

さて、セルフイメージとは何かというところから、どのようにセルフイメージを上書きしていくか、そしてアファメーションの効果的な唱え方、間接暗示的な上書きアプローチなどをご紹介してきました。セルフイメージが変わると、セルフイメージに合わせて現実が不思議なほどの力で動いていきます。その効果をあなたもぜひ体感してみてください！

おわりに：イージーモードの世界へ

最後までお付き合いいただき本当にありがとうございます。

本書では何度も僕自身が、自己肯定感が低かった過去を事例に話をしてきました。

今もしあなたが苦しいと感じていたり、何か上手くいかなかったりしていても僕の過去の経験が、少しでも希望に感じたり、勇気を感じて変化のきっかけとなっていただけたら嬉しく思います。

少し捉えどころが難しいものや、手順が難しいと感じるものもあったかもしれません。

僕自身が実感したことですが、落とし込みをして自分に活用できるようになれば、本当に自分の人生を激変させていくことができます。

ハードモードだった設定が、急にイージーモード設定に切り替えたかのように。

心が変われば人生が変わっていきます。

心は仕組みであり、その仕組みを理解して活用していくことはできるのだということを、ぜひあなたも実感してみてください。

高い自己肯定感とエフィカシーを土台とし、マインド・価値観・セルフイメージを変えていく。

それらが変わると感情・思考が変わります。それに伴って選択・行動が変わります。そして結果が変わり、結果の積み重ねで人生が創造されていきます。

それぞれの章で分けて解説してきましたが、すべてが関係しています。

人生をイージーモードにする5ステップ

STEP 0

体を通して潜在意識とコミュニケーション

自分の細かい部分を認め
受け入れて調和の取れた
新しいアイデアを再選択

STEP 1

自己肯定感（自分を知覚し受け入れる感覚）を高める

ジャッジをせずに
フラットに捉え直し
意味は心の中にしかない

STEP 2

ゴール達成を信じられる力
エフィカシーを高める

小さく決めて達成し
それを認めて受け入れる
決める力を育てていく

STEP 3

潜在意識の中にある公式を変えるマインドセット

感情や思考をつくり出す
公式を変えれば
現実が変わる

STEP 4

価値観は価値の優先順位
価値はプラスに感じるエネルギー

自分の価値観を知り
意識的に活用したり
アップデートしていく

STEP 5

自分に対して持っているイメージ
＝セルフイメージ

環境・行動・能力
マインド・価値観から
把握しアファメーション

自然体で生きられる世の中に

僕は「自然体で生きられる世の中にする」という志があります。

そのエッセンスは本書にもたくさん入れてお伝えをさせていただきました。

特に伝えたい核にあるものが「いいも悪いもない」というようなフラットな感覚です。

何度もお伝えしてきた通り、意味は自分の中にだけつくられるもの。つまり僕は「いい・悪い」は人工的なものだと捉えています（その他の偏った考え方もすべてです）。

フラットな視点を手に入れたことで僕は本当に救われたような感覚がありました。

心が楽になり、人間関係も楽になり、希望も感じられるようになり、まさに「自然」でいられるように感じられるようになったのです。

本書ではお伝えし切れませんでしたが、自然体として生きていくために自分らしさを発揮していくための考え方や、自分ならではの価値を社会に提供していくという考え方などもあります。

でもまずはやはりフラットにすることからだと思い、今回はこのようなまとめ方をさせていただきました。

まだまだお伝えしたいことはたくさんあります。ぜひこのご縁から、よりあなたが自然体に近づいていくお手伝いをさせていただけたら嬉しいです。

そこでここまで読んでくれたあなたのために新しく「自然体で生きられるためのメルマガ」を立ち上げ、より本書の学びを深めるための動画セミナーを作成しました。

左下のＱＲコードから無料登録いただけたら、その登録したメールアドレスへと動画をお届けさせていただきます。

メルマガでは直接お会いできるようなセミナーや勉強会、そしてもっと気軽に集まれるような企画なども募集していきたいと考えています。

いつか直接あなたにお会いできる日を心より楽しみにしています。

ご縁をいただき本当にありがとうございます。

原子　やすふみ

https://resast.jp/inquiry/93128

著者略歴

原子　やすふみ（はらこ　やすふみ）

メンタルマイスター
「自然体で生きられる世の中を実現する！」を信念に、心のメカニズム解析で逆転人生へとナビゲートする。

小３で両親と離れ、体罰、独房監禁が日常の施設で過ごす。中３で脱走。警察に保護され養護施設へ。中卒で引き籠り。夢を抱けば両足首粉砕骨折。保険金3,300万円を手にしニート生活。浪費し再び極貧。選挙を手伝えば、公職選挙法違反で逮捕。手錠＆頭からコートのお決まり映像で地上波デビュー。訳も判らず前科一犯。

人生で考えられるあらゆる辛酸を嘗め尽くし、想像を絶する不運の宿命を背負わされた男の人生が一変したのは、心理学との出逢いだった。NLPマスタープラクティショナーの資格を取得したことを皮切りに、その後も心のメカニズムをつぶさに研究し尽くし、不運続きだった人生が一変。

これまで学んだ様々な知識や自身の体験に基づくメソッドを伝えるべく2010年、カウンセリングサロンをオープン。2015年、コーチ、カウンセラー専門のビジネスコンサルティングを開始。延べ7,500人超に対し独自スタイルのセッションを提供。2019年にKindle出版した書籍『月100万円を稼ぐコーチ・コンサル・セラピストの５つのメンタルマネジメント』はAmazon起業家新着ランキング１位獲得。現在はコーチングスキルを身につける講座も主宰。“メンタルマイスター”として、学ぶだけでなく実践的な内容で受講生１人ひとりに夢と希望を与えている。

人生をイージーモードにする５つのステップ
〜自己肯定感を上げて強いメンタルをつくるトリセツ

2023年３月24日　初版発行

著　者　原子　やすふみ　© Yasuhumi Harako

発行人　森　　忠順

発行所　株式会社 セルバ出版
〒113-0034
東京都文京区湯島１丁目12番６号 高関ビル５B
☎ 03（5812）1178　　FAX 03（5812）1188
https://seluba.co.jp/

発　売　株式会社 三省堂書店／創英社
〒101-0051
東京都千代田区神田神保町１丁目１番地
☎ 03（3291）2295　　FAX 03（3292）7687

印刷・製本　株式会社 丸井工文社

●本書の内容に関する質問はFAXでお願いします。

Printed in JAPAN
ISBN978-4-86367-803-3